超级问问问

生活常识

（日）学研教育出版·编著
马云雷 杜君林·译

化学工业出版社
·北京·

某地,一个极其普通的家庭。

阅读指南

你也来 向不可思议的常识挑战吧!

通过对100名小学生进行问卷调查,根据他们感兴趣的程度,将90个问题从低到高排序。

- 分为5个大类
- 第90名的问题
- 答案 答案的解释
- 感兴趣的程度得分。
- 问题
- 答案和解释在下一页。
- 从3个答案中选择你认为正确的吧。
- 最后还有进一步说明或相关知识介绍。

如果你回答正确,请在成绩计算表(186页)上画圆圈。

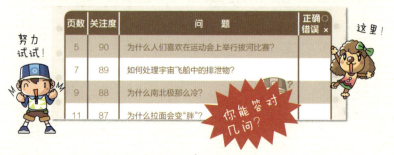

努力试试!

页数	关注度	问题	正确 ○ 错误 ×
5	90	为什么人们喜欢在运动会上举行拔河比赛?	
7	89	如何处理宇宙飞船中的排泄物?	
9	88	为什么南北极那么冷?	
11	87	为什么拉面会变"胖"?	

这里

你能答对几问?

191 人气值

为什么排行榜 **90** 位

为什么人们喜欢在运动会上举行拔河比赛?

下列说法中,正确的是哪一个?

1 过去,人们能找到的只有绳子。
好可怜,没有别的比赛工具吗?!

2 拔河比赛是最好的热身运动。
先热身,以免受伤。

3 是对传统的继承。
与其说是体育运动,不如说是传统活动。

答案在下一页!

答案 3 拔河比赛是对传统的继承。

拔河比赛作为运动会上不可缺少的项目,其历史悠久,曾盛行于世界各地,尤其是以大米为主食的亚洲国家。

拔河诞生于距今2400年前春秋时期的楚国。楚国境内水道纵横,拥有一支强大的水军。楚国人发明了一种叫钩拒的兵器,专门用于水上作战。后来钩拒流传至民间,演变为拔河比赛。

拔河比赛不分男女老少,人人皆可参加。它需要大家齐心协力,这有助于培养协作精神。因其符合体育精神,最终成为运动会上一道亮丽的风景线。

为什么排行榜 89 位

192 人气值

如何处理宇宙飞船中的排泄物?

下列说法中,正确的是哪一个?

1 留在航天器里。
待航天器离轨后返回大气层时烧毁。

2 带回地球。
既然是垃圾,就不能乱丢!

3 直接倒入太空。
不会影响到外星人吧?

答案在下一页!

答案

1 将排泄物留在航天器里。

通常，航天员会在太空中生活很长一段时间，他们的排泄物日积月累，越来越多。当然，胡乱倒入太空是绝对不行的。

其实，航天器中并没有处理排泄物的设备，只是储存起来，留在航天器里。除了返回舱，航天器大多在大气层中烧毁，或被遗弃在太空。

舱内为失重状态，航天员好似飘浮其中。如果像在地球上时那样"方便"，排泄物则会飘浮起来。因此，航天器中的坐便器口径较小，可以很好地贴合臀部，从而避免了排泄物的溢出。

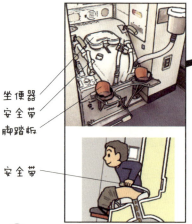
坐便器
安全带
脚踏板

安全带

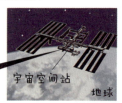
宇宙空间站　地球

航天器的马桶上还配有安全带，可以防止航天员"方便"时飘浮起来。另外，洗澡时由于水不向下流，不方便淋浴，航天员大多用湿毛巾擦拭身体。

194 人气值

为什么南北极那么冷？

下列说法中，正确的是哪一个？

1 太阳在天空中的位置较低。
所以光线很弱！

2 空气稀薄，热量散失得快。
地球两端，空气相对较少。

3 冷空气集聚在地球两端。
这和房间的角落较冷是同一个道理。

答案在下一页！

答案 1　太阳在南北极天空中的位置较低，接收到的热量较少。

地表经太阳照射温度升高。地表通过热传递，将热量传给空气，导致气温升高。因此，离太阳越近，地表升温越快，气温也相对较高。

众所周知，拿着手电筒垂直照射，一定比斜着照射更亮。同理，太阳在南极和北极天空中的位置较低，阳光会斜射，因此地表吸收热量较少，南北极的气温自然较低。

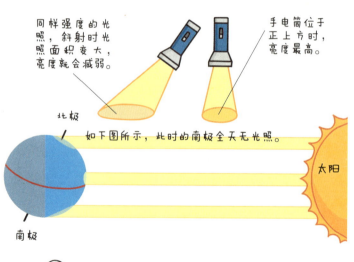

同样强度的光照，斜射时光照面积变大，亮度就会减弱。

手电筒位于正上方时，亮度最高。

北极

如下图所示，此时的南极全天无光照。

南极

太阳

北极与南极不同。北极是巨大的冰层，而南极有陆地。2013年7月31日，南极的地表温度曾一度低至-93℃，创历史新低。

195 人气值

为什么拉面会变"胖"？

下列说法中，正确的是哪一个？

1 被压缩的面条遇热后恢复到了原来的大小。
怪就怪面条被压得太紧实了！

2 面条具有吸水特性。
把周围的水分吸了进来。

3 只是变软了，其实没变"胖"。
只是看上去"胖"了而已。

答案在下一页！

答案 2 面条具有吸水特性。

你一定吃过面条吧！那你是否注意到，一段时间之后面条仿佛变粗变长了呢？小朋友可能会大喊：哇！面条变"胖"了！

面条由面粉加水搅拌而成，具有吸水特性。因此，刚盛入汤中的面条只是表面吸收了一些水分，过一段时间后，面条内部也会饱饱吸入水分。

越吃越多……

煮面条的时间过长也会导致出现这个现象。这是水分从面条表面渗入面条内部的结果。面条吸饱水分后，它的弹性也会随之减弱。

197 人气值

钢琴是如何发声的?

下列说法中,正确的是哪一个?

1 琴键在钢琴中发出声音。
键盘很长,可延伸至钢琴内部。

2 琴键敲击钢板发出声音。
钢板一敲,发出声响。

3 琴键牵动小槌敲击琴弦发出声音。
原来钢琴里面有小槌哦!

答案在下一页!

答案 3

琴键牵动小槌敲击琴弦发出声音。

弹钢琴时，我们只需轻敲琴键，便可听到悦耳的声音。其实，在钢琴内部有许多根琴弦，这些琴弦通常由钢丝制成。当我们按下琴键时，通过机械传导的小槌便会敲击对应的琴弦。

不过，琴弦发出的声音较小，还需要共鸣板的帮助。共鸣板紧贴琴弦，当琴弦振动时，共鸣板与之共振，放大声音。最后整个钢琴也会跟着共振，使声音更加浑厚动听。

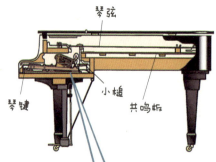

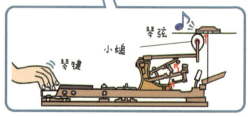

电子琴与钢琴有所区别。当我们按下电子琴的琴键时，便打开了相应的放大器开关。放大器将信号放大，通过扬声器发出声音。

198 人气值

藕为什么有孔？

下列说法中，正确的是哪一个？

1 是地下茎的空气通道。
因为藕长在土里嘛！

2 原本是种子的位置。
种子被取走当然就留下了孔。

3 可以储存温暖的空气。
这样就可以安全过冬了！

答案在下一页！

答案 1

藕上的孔是地下茎的空气通道。

藕，是莲科植物生长在地下的根茎部分。莲通过叶制造养分，并将养分储藏在地下的根茎里。

藕之所以有孔就是要保证根茎的呼吸。无论是动物，还是植物都要呼吸。莲通过水面上的叶吸入氧气，再通过茎将氧气输送至根茎，藕中的孔正是氧气流通和储存的通道。

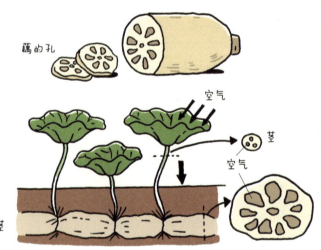

莲藕的寓意有两个：一个是连升三级，因为莲藕一般有三节，寓意升官发财。另一个是佳偶天成，有关图画往往还画有鸳鸯，寓意爱情甜蜜。

为什么排行榜 84 位

200 人气值

清晨收到的报纸，是什么时候、在哪里做好的？

下列说法中，正确的是哪一个？

1 是大清早、在全国各地的报刊亭印好的。
配送前快马加鞭完成的吗？

2 是前一天、在有关单位制作完成的。
不过，当天晚间的新闻就没法刊登了。

3 午夜前编辑好内容，在全国各地印刷发行。
报社可是要"开夜车"的哦！

答案在下一页！

答案 3

午夜前编辑好内容，在全国各地印刷发行。

清晨，我们翻看报纸就能知道昨天发生的大事小情。其实，报纸刊登的内容是各大报社的记者在前一天写好的。不过，由于午夜才开始印刷，如果之前发生了重大事件，还有可能被加急写进第二天的报纸。

例如，有一场晚间的体育赛事，报社通过网络收到记者的文稿和摄影师的照片，编辑好后再通过网络把定稿发送给全国各地的印刷厂。印刷厂接到定稿后用最快的速度完成印刷，由邮递员送往零售点或千家万户。

报社完成排版后，会在印刷前将定稿发给记者校对。如果其间发生了重大事件，还可以替换内容。

为什么排行榜 **83** 位

201 人气值

魔术贴是如何粘在一起的?

下列说法中,正确的是哪一个?

1 小钩子挂在了小圈圈上面。
因为只是挂在上面,所以还可以撕开。

2 上面有许多小磁铁。
小磁铁是有的!只是大家没注意!

3 上面涂有特制胶水。
所以可以反复粘贴。

答案在下一页!

答案 1 小钩子挂在了小圈圈上面。

魔术贴，又名粘扣带，行业术语子母扣。只需轻轻按压，两面便会粘在一起，再用力一拉，又可以"咔"地分开。因其操作简便，被广泛应用于各行各业。例如，衣服和鞋子就常会用到魔术贴。

如果用放大镜仔细观察，你会发现，其实魔术贴的两面并不相同，一面呈弯曲的钩状，一面是环形的圈圈。因此，将两面贴合时，一面的小钩就会挂在另一面的圈圈上，看上去就像粘在了一起。

魔术贴源自一次偶然的发现。一天，一名瑞士的工程师遛狗回来，发现狗和自己的身上粘满了苍耳。仔细观察后，他发现苍耳有"黏性"，正是由于其绒毛上的钩状结构。他受此启发发明了魔术贴。

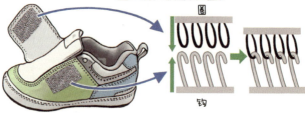

魔术贴，其实是VELCRO公司的注册商标，20世纪80年代进入中国。固定宇宙飞船外层的隔热罩都少不了它的帮忙。

203 人气值

为什么切洋葱时会流泪？

下列说法中，正确的是哪一个？

1 洋葱的水分溅进了眼睛。
切洋葱时，汁液免不了会乱飞。

2 保护眼睛免受辛辣刺激性物质的伤害。
流眼泪其实是在保护眼睛。

3 洋葱的气味会让眼睛感觉冷。
眼睛感觉冷当然就会流泪了。

答案在下一页！

答案 2 保护眼睛免受辛辣刺激性物质的伤害。

人们切洋葱时,常会泪流满面。其实,这是洋葱中催泪性物质导演的一场恶作剧。

生物由一个个叫作细胞的小单元组成。切洋葱时,洋葱的细胞会破裂,里面的辛辣刺激性物质便会释放出来,这种物质具有催泪功能。为了保护眼睛免受伤害,人的泪腺便会分泌出大量泪液。

教你一招,洋葱冷冻后再切,辛辣成分就不易挥发了,你也就不用"大哭一场"了!

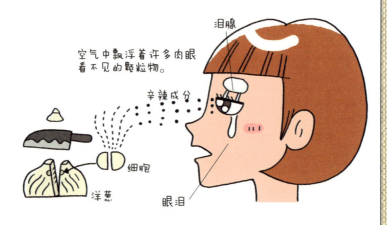

洋葱内的催泪物质是一种含硫的物质。切洋葱时,如果刀刃锋利,洋葱细胞破损的数量就少,其释放的刺激性物质也会相应减少。

205 人气值

为什么那么多的生物每天都呼吸,氧气还是用不完?

下列说法中,正确的是哪一个?

1 植物能够制造氧气。
多亏了植物,我们才有了充足的氧气。

2 宇宙会源源不断地向地球输送氧气。
宇宙无限大,氧气滚滚来。

3 火山喷发时,会释放出大量氧气。
每次火山喷发都会带来大量的氧气。

答案在下一页!

答案 1 植物通过光合作用制造氧气。

不光是人类,几乎所有地球生物都要进行呼吸。呼吸指吸入空气中的氧气、呼出二氧化碳的过程。奇怪的是,地球上的氧气却并没有因此消耗殆尽。其实,这要归功于植物进行的光合作用。光合作用指植物吸入二氧化碳后利用光能制造有机物并释放氧气的过程。

很长一段时期,地球上氧气和二氧化碳的含量都保持着一定的均衡比例。近些年,森林的锐减、汽车的增加、石油和煤炭的大量使用,导致空气中二氧化碳的含量越来越高。目前,世界各国都在努力减少二氧化碳的排放量。

空气中,氮气约占78%,氧气约占21%,而二氧化碳约占0.03%。二氧化碳的持续增加会导致全球变暖,进而引发一系列严重问题。

208 人气值

为什么雷阵雨多发生在傍晚？

下列说法中，正确的是哪一个？

1 雷阵雨三后晌。
古话就是这么说的，没有为什么！

2 暖空气会在午后形成厚重的云。
也就是说，云的累积需要一定时间。

3 夕阳西照会使云中的水汽增多。
云经红光照射会迅速膨胀。

答案在下一页！

25

答案
2

随着暖空气的不断上升，厚重的积雨云会在午后形成。

夏季，雷阵雨多发生在午后，有时还会伴有大风。

众所周知，空气受热会膨胀变轻。夏天，日照强烈使地表的温度迅速攀升，靠近地表的空气也随之受热变轻，因此形成了上升气流。

空气中含有大量水蒸气，水蒸气随气流升高凝结成小水滴或小冰晶，这便是我们看到的云。如果气流继续攀升，云会变得越来越厚，越来越重。

当云变成厚重的积雨云时，大雨便会倾盆而下。积雨云通常在午后形成，因此雷阵雨也多发生在傍晚。

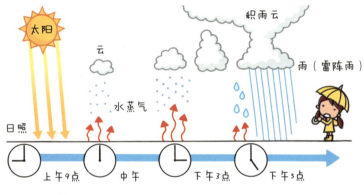

雷阵雨通常很短。雨过天晴后，空气中的小水滴在阳光的照射下会形成美丽的彩虹。因此，雷阵雨频繁的夏天也是最容易看到彩虹的季节。

210 人气值

为什么洗脸台下方的水管是弯的?

下列说法中,正确的是哪一个?

 1 防止掉落的东西被冲走。
这样一来,就算有东西掉落,也可以捡回来。

 2 直管太占地方。
弯管容易收纳。

 3 存些水,防止蚊虫、臭气进入房间。
利用弯管,防止蚊虫!

答案在下一页!

答案 3

利用弯管，防止蚊虫、臭气进入房间。

众所周知，洗脸台下方的管路与下水道相连，下水道就是生活废水的排污管道。如果排水管不是弯的，那么下水道内的臭气和蚊虫就顺着管道返回进而进入房间。

为此，排水管被特意设计成弯曲形状，这样就可以储存一定量的水，把蚊虫和臭气隔离在外了。

另外，当上面有水流入时，存在弯部的水就会顺管流走，同时将臭气和蚊虫冲走。

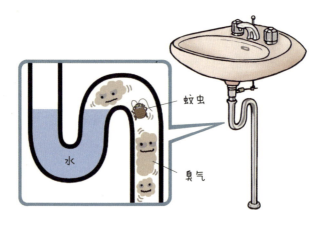

在弯管中存一定量的水以防止蚊虫和臭气进入房间的结构叫作存水弯，它的设计应用了连通器的原理。

211 人气值

为什么爬山时耳朵会疼?

下列说法中,正确的是哪一个?

1 鼓膜被冻伤了。
海拔高的地方气温低!

2 耳内的空气将鼓膜向外压。
海拔高的地方空气稀薄。

3 耳朵是最容易疲劳的部位。
爬山嘛,当然很累喽!

答案在下一页!

答案 2

耳内的空气将鼓膜向外压。

大气有重量，因此时刻都在向我们施加着压力，这似乎显而易见，却又常常被人忽略。来自于大气的压力，简称为气压。在地表附近，每平方厘米的面积就要承受约1千克重的压力（约98千帕）。为了应对大气的压力，人体也会向外施加同样大小的压力。例如，鼓膜内侧也会向外施加每平方厘米约1千克重的力。

海拔高的地方空气稀薄，气压相对于地面而言较低。当我们到达这个高度时，鼓膜内侧的气压来不及调整，因此鼓膜内外形成了压差，导致耳内的空气向鼓膜外挤压，于是我们便产生了痛感。

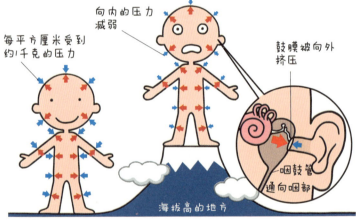

气压通常由连接鼓膜内侧和鼻后部的咽鼓管调控。耳内有痛感时，可以吞咽唾液让咽鼓管打开。这时外界的空气就会进入耳内，消除鼓膜内外的压差，从而缓解疼痛。

215 人气值

为什么吹风时会感觉凉爽？

下列说法中，正确的是哪一个？

 1 风中的水分会让人感觉凉爽。
风中可是有水分的哦！

 2 缘于风的力量。
风的力量，让人感觉凉爽。

 3 暖空气被吹走了。
身体周围原本被暖空气包裹着，现在被吹走了。

答案在下一页！

答案 3 身体周围的暖空气被风吹走了。

风,即流动的空气。其实风的温度并不比空气低,但身体周围的空气由于体温的作用会相对暖和。风一吹,身体周围的暖空气就被吹走了,因此人会感到凉爽(甚至冷)。

炎热的夏天或运动后,人很容易出汗。这时有风吹来,汗水就会快速蒸发,带走部分热量。夏季吹风解暑便是这个道理。

不过,天冷时身上有水或者有汗,吹风后特别容易着凉,千万要小心哦!

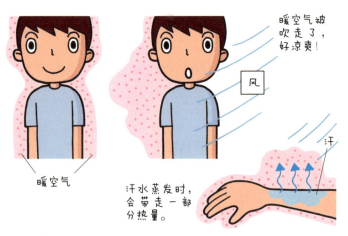

人的体温一般维持在36~37℃。只有在这个温度下,人体的脏器才会正常工作。夏天或运动后之所以出汗,正是为了降低体温、保持脏器的正常工作。

为什么排行榜 76 位

219 人气值

为什么一天要吃三顿饭?

下列说法中,正确的是哪一个?

1 根据胃排空的时间。
古代人一天只吃两顿饭哦!

2 欧洲人一天吃三顿饭。
近代开始效仿欧洲的饮食习惯。

3 佛教主张一日三餐。
这可是佛祖的教导哦!

答案在下一页!

答案 1 根据胃排空的时间。

　　一天要吃三餐不只为了填饱肚子,主要为了保证身体的正常发育和健康。食物在胃里消化,需要4~6小时才能完成一次胃排空。所以,一般早饭7—8点,午饭12点,晚饭6—8点。晚上休息时胃肠蠕动慢,我们就不再进食了。

　　人体最大消耗是在上午。胃经过一夜消化早已排空,如果不吃早饭,那么整个上午活动所消耗的能量则全要靠前一天晚餐提供,这远远不能满足营养需要。所以,早饭是不可缺少的。

古代,一日两餐,没有午餐。

近代,早起晚睡,增加午餐,一日三餐。

　　现代人习惯于一日三餐,实际上秦汉以前人们一天只吃两顿饭。由于农业不发达,粮食有限,即使两顿饭还要视人而待。

| 自然 | 食物 | 工具 | **生物** | 人类·社会 |

为什么排行榜 75 位

221 人气值

为什么睡觉时会打呼噜?

下列说法中,正确的是哪一个?

1 打呼噜其实是在说梦话。
就像在做梦一样。

2 是浅睡眠的表现。
刚睡着或要醒时最容易打呼噜。

3 咽部肌肉松弛。
肌肉松弛阻碍了空气流通。

答案在下一页!

答案 3：咽部肌肉松弛，呼吸受阻引起振动。

你睡觉时打呼噜吗？

人在睡觉时，咽部以及"小舌头"（悬雍垂）的肌肉会相对松弛，导致舌头向咽部下垂，呼吸道变窄。因此，气流通过咽部时会引起小舌头和咽部的黏膜振动，加上口腔和鼻腔的共鸣，便形成了呼噜声。

不过，人醒来时肌肉会立刻收紧，咽部恢复通畅，鼾声便戛然而止了。体型肥胖或咽部狭窄的人，呼吸时气流容易受阻，因此也容易打呼噜。

选用低枕头和采用侧卧位，都有助于减少打鼾。人疲惫时肌肉松弛，因此更容易打鼾。

自然　食物　**工具**　生物　人类社会

224 人气值

为什么排行榜 **74** 位

索道是如何运行的？

下列说法中，正确的是哪一个？

1 山顶上的机器牵引缆绳运行。
缆绳带动缆车前行。

2 缆绳上的小轮旋转，带动缆车前行。
别看轮子小，力量可不小！

3 靠重力和惯性自己运行。
正好这边上山，那边下山。

答案在下一页！

答案 1 位于山顶的驱动机会牵动缆绳运动。

索道是一种在粗钢绳上悬挂若干车厢共同前行的交通工具。虽然钢丝绳上的小轮能飞速转动，但它并不是缆车前进的动力源。

除了上面提到的粗钢绳，还有一个相对较细的钢绳。正是这根细钢绳在山顶处驱动机的旋转下牵引着缆车前行，而粗钢绳只起到了支撑作用。

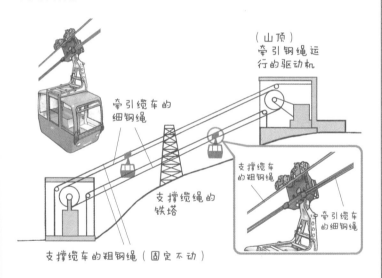

（山顶）牵引钢绳运行的驱动机

牵引缆车的细钢绳

支撑缆绳的铁塔

支撑缆车的粗钢绳（固定不动）

支撑缆车的粗钢绳

牵引缆车的细钢绳

中国第一条大型客运索道为泰山游览客运索道。它于1983年8月5日正式通车营运。包括泰山中天门索道、后石坞索道、桃花源索道，三段全长4792.71米。

225 人气值

为什么苍蝇能倒挂在天花板上?

下列说法中,正确的是哪一个?

1 苍蝇的脚上有许多小刺。
可以牢牢地扎在天花板上。

2 脚底的爪垫起到了吸盘作用。
可以牢牢地吸在天花板上。

3 翅膀一直在扇动。
小翅膀一直在快速扇动,只是我们没注意。

答案在下一页!

答案 2 脚底的爪垫起到了吸盘作用。

家中飞进一只苍蝇时,你会发现这家伙一会儿趴在天花板上,一会儿在光溜溜的玻璃上爬来爬去,飞檐走壁简直毫不费力。

其实,苍蝇每只脚都长有爪垫,爪垫上生有细小的绒毛,在平面物体上只要稍加用力,就可以像吸盘一样牢牢地吸附在上面。此外,苍蝇的爪垫还能分泌出一种黏液,也起到了辅助作用。

苍蝇为什么经常搓脚呢?其实,苍蝇搓脚是在清除脚上的污物。脚上的污物太多会让吸盘的效果大打折扣,无法牢牢地吸附在物体表面上了。

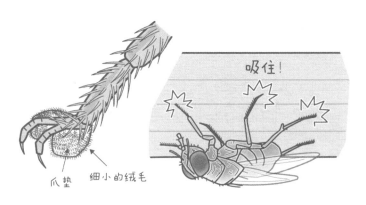

爪垫　细小的绒毛　吸住!

苍蝇的脚上还长有味觉器官。因此,只要落在食物的表面上,便可以知道味道了。

人类·社会

227 人气值

日本的公司为什么叫株式会社？

下列说法中，正确的是哪一个？

1 向公司出资的证明。
企业需要向公众募集资金。

2 研发的新型植物。
即培育的新植株。

3 列式计算。
各种各样的算式，统称为株式。

答案在下一页！

答案 1 株是向公司出资的证明。

企业在成立初期或发展时期,需要购置设备和原材料,因此急需大量资金。企业会面向社会募集资金。出资人会收到一份出资凭证,这就是所谓的株(株式),而成功募集资金的公司则被称为株式会社(即股份公司)。

持有株(股权凭证)的人被称为株主(股东)。如果企业盈利,股东会获得分红。如果企业亏损,不仅股东得不到分红,企业的股价也会因此下跌。

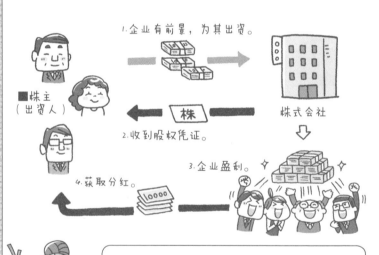

股东可以通过转让股票获取资金。股票交易通常在证券交易所进行。企业的效益好,股票便受青睐,买家越多,股价自然越高。

人类·社会

为什么排行榜 71 位

230 人气值

七夕为何被称为中国情人节?

下列说法中,正确的是哪一个?

1 要与西方情人节不一样。
西方情人节是公历2月14日。

2 因为古代牛郎织女的传说。
人们为了表达对爱的颂扬。

3 古人喜欢在7月份办婚礼。
7月份天气好呀!

答案在下一页!

答案 2 因为古代牛郎织女的传说。

七夕节,发源于中国,是华人地区以及东亚各国的传统节日,在农历七月初七那天庆祝。此日活动的主要参与者是少女,而节日活动的内容又是以乞巧为主,所以人们称这天为乞巧节或女儿节。

七夕节以牛郎织女的民间传说为载体,表达的是已婚男女之间不离不弃、白头偕老的情感,恪守双方对爱的承诺。随着时间演变,七夕现已成为中国情人节。

在日本,流传着棚机津女的故事。据说在这一天,棚机津女为了迎接天神会在河边织衣。

| 自然 | 食物 | 工具 | **生物** | 人类·社会 |

231 人气值

为什么把杯子贴近耳朵时，会听到"呜呜"声？

下列说法中，正确的是哪一个？

1 杯中的空气受热后流动发出了声音。
空气在杯中旋转，发出了声音。

2 是耳朵本身的声音。
主要是耳内血流的声音。

3 外界的声音进入杯中再被反射。
声音在杯中来回反射。

答案在下一页！

答案 3 外界声音进入杯中被来回反射形成了"呜呜"声。

当我们把杯子贴近耳朵时,会听到"呜呜"的声音。

这是外界声音进入杯中后,由于杯壁的阻碍发生多次反射,放大了原来的声音。所以,在夜深人静的时候,即便把杯子贴近耳朵,也听不到声音。原因很简单,没有外界声音的进入,就没有声波的反射,当然就听不到声音了。

如果把杯子严严实实地扣在耳朵上,不让外界声音进入,也可能会听到声音,不过这时的声音就不是外界的声音而是我们心跳的声音了。

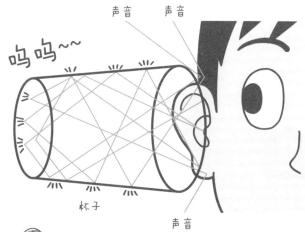

将纸筒贴近耳朵,我们也可以听到"呜呜"声。改变纸筒的长度和直径也可以改变声音的高低。纸筒越短,听到的声音就越大。

自然　食物　工具　生物　人类·社会

为什么排行榜 69 位

232 人气值

河水为什么流不干?

下列说法中，正确的是哪一个?

1 海水能够倒流。
涨潮时，海水会倒灌回河中。

2 海水蒸发后可降回河中。
奔流入海，蒸发升天，再成云致雨。

3 地下水从河底不断涌出。
这边流，那边涌，当然不会干涸啦!

答案在下一页!

答案 2

河水奔流入海后蒸发，再以雨水的形式降回河中。

大海是江河的归宿。河水奔流入海后，由于阳光的照射会不断蒸发。例如，把水倒入容器，过几天便不见踪迹了。正是由于海水会蒸发，海平面才不会越来越高。

水蒸气在上升的过程中，会遇冷凝结成小水滴或小冰晶，这就是我们所说的云。云积累到一定程度，便以雨雪的形式坠落。

起初，雨水会渗入山间田野，之后再慢慢流回江河。因此，河水虽日夜奔流，却不会干涸。

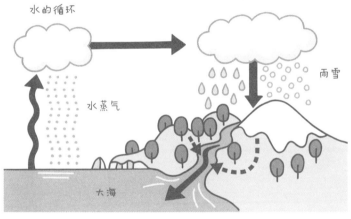

海洋的面积远大于陆地。海洋约占地表面积的71%，因此来自海洋的水汽十分充足。

自然　食物　**工具**　生物　人类·社会

234 人气值

为什么排行榜 **68** 位

履带式推土机如何转弯？

下列说法中，正确的是哪一个？

1. 转一个大大的弯。

推土机的转动幅度很小，因此转弯时必须转一个大大的弯。

2. 靠汽车帮忙。

简单说，就是靠汽车调转方向。

3. 让两侧的履带转动速度不同。

利用外侧履带转动较快来实现转弯。

答案在下一页！

让两侧的履带转动速度不同。

履带式推土机和我们常见的汽车不同，它不靠车轮而是靠履带前行。所谓履带，就是指推土机车轮外面的带状铁板。

因为履带又宽又长，适合在光滑或崎岖的路面上行走，因此常被应用于坦克和农耕机械。

那么，推土机是如何转弯的呢？其实很简单，只要让两侧的履带转动速度不同即可。比如，向右转弯时，我们只需让右侧履带的转动较慢，让左侧履带转动较快。向左转时也是同样的道理。

俯视图

向左转时
让左侧履带转动较慢

向右转时
让右侧履带转动较慢

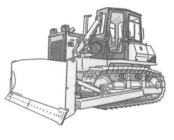

履带的英文名称为caterpillar，是美国卡特彼勒公司的注册商标。caterpillar的原意为毛毛虫。

自然　食物　工具　生物　人类·社会

为什么排行榜 **67** 位

235 人气值

拳击比赛中为什么打倒对手叫K.O.？

下列说法中，正确的是哪一个？

1 是英文knockout 的缩写。
一下击倒对方。

2 拳王名字的简称。
以此来纪念厉害的拳王。

3 喊起来顺口而选 的字母。
大声说时很有气势。

答案在下一页！

答案 1 是英文knockout的缩写。

K.O.就是英文knockout的缩写。在拳击比赛中,假如一名拳手把另一名拳手打倒,后者躺在擂台上,在一段指定时间内都无力起身继续比赛,则裁判会判后者被"击倒",也就是knockout。

knockout和K.O.是名词。后来,K.O.也可兼作动词用,指在拳赛中"击倒"某人,其后可指在拳赛以外的一般情况下"击败"某人。

knock out也可以作"消去"解释。例如老师在上课时会说 We can knock out A and B,就是我们可以消去A跟B的意思。

自然　食物　**工具**　生物　人类社会

236 人气值

为什么排行榜 **66** 位

隐形眼镜是何时进入中国的？

下列说法中，正确的是哪一个？

 1 约400年前。
和望远镜发明于同一时期。

 2 约100年前。
民国时期，太阳镜发明以后。

 3 约30年前。
从发明到使用仍需一段时间。

答案在下一页！

答案 3 — 1985年,隐形眼镜进入中国。

隐形眼镜,是一种直接佩戴于眼球之上、用来矫正视力的镜片。其英语名称为contact lens,contact即接触的意思。

第一副隐形眼镜于1938年被制成。从研发到成功耗时数年,直到1985年,隐形眼镜才走进了中国人的生活。

眼球表面没有血管,只能从空气和泪液中吸收氧气。因此隐形眼镜在研发初期,很难突破透氧、亲水等技术难题。另外,镜片护理液的研发,也耗费了大量的时间和精力。

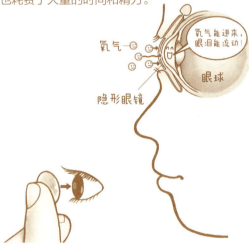

人类的眼睛,有一个类似于镜片的结构叫晶状体。隐形眼镜就是通过矫正晶状体的曲度来矫正视力的。

| 自然 | 食物 | 工具 | 生物 | 人类·社会 |

238 人气值

为什么排行榜 **65** 位

为什么手指碰到冰块会被粘在上面？

下列说法中，正确的是哪一个？

1 手指上的水分遇冷结冰。
将手指和冰块粘在了一起。

2 手指上的油脂有黏性。
油脂遇冷后有了黏性。

3 皮肤被冻住了。
手指上的皮肤被冻成冰块啦。

答案在下一页！

答案 1 手指上的水分遇冷结冰。

你从冰箱里取过冰块吗？你的手指和冰块粘在一起过吗？你一定有过类似的经历。其实，这是手指上的水分遇冷结冰造成的。

众所周知，水降至零度便会结冰。手指上的水分较少，一碰到冰立刻就降到了零度。另外，人类的手指长有指纹，纹线间的水分结冰后便将手指和冰块粘在了一起。

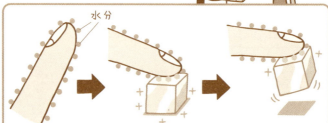

接触冰块后，手指上的水分遇冷结冰，因此手指与冰块粘在了一起。

把冰块放入杯中，不一会儿，冰块就粘在了一起。这是因为冰块表面刚刚融化的水，由于相邻冰块的冷却作用再次凝固。

241 人气值

为什么罐头不易腐烂？

下列说法中，正确的是哪一个？

1 加入了防腐剂。
所以才有神奇的防腐效果。

2 高温灭菌后，不让细菌再次进入。
所以盖子必须严丝合缝。

3 添加了大量盐或糖，抑制了细菌生长。
细菌最讨厌糖和盐了。

答案在下一页！

答案 **2**

高温灭菌后,细菌无法再次进入。

食物腐烂的罪魁祸首是空气中的微生物。这些微生物会分解身为有机物的食物,使食物腐烂变质。如何才能阻止微生物接触食物呢?人们想到了罐装密封的方法。

具体说,就是将食物放入瓶罐,抽走空气后加盖密封,最后用高温杀死罐内微生物。要抽走空气的原因是空气遇热后会膨胀,导致容器变形。

这样一来,食物接触不到外面的微生物,当然就不易腐烂了。

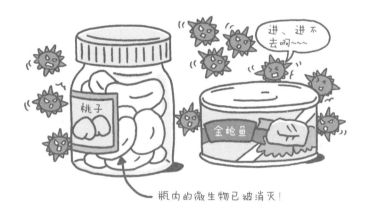

进、进不去啊~~~

桃子

金枪鱼

瓶内的微生物已被消灭!

瓶装密封的方法早于罐装密封,这一方法始于1804年,由法国人发明。当时,瓶装密封的方法极大改善了士兵行军吃饭,发明者也因此受到了拿破仑的嘉奖。

自然　食物　工具　**生物**　人类·社会

244 人气值

为什么排行榜 **63** 位

为什么大雁要排成"V"字飞行?

下列说法中,正确的是哪一个?

1 飞行时省力。
巧妙利用气流。

2 以免掉队。
排成"V"字飞行,可以相互照看。

3 为了互相取暖。
这种排列具有挡风效果。

答案在下一页!

答案 1 巧妙利用气流，让飞行更省力。

你见过天空中排成"V"字飞行的雁群吗？你有没有想过它们为什么这样飞行呢？

试想，如果一只大雁跟在另一只大雁的正后方，前面大雁扇动的气流就会阻碍后面大雁的飞行。如果跟在侧后方，那么后面大雁反而可以利用前面大雁扇动的气流借力飞行。总而言之，这种排列方式对整个雁群来说最为省力。

你可能会想，如此一来领头雁岂不是很辛苦？其实，在雁群飞行的过程中，大雁们会轮番担当领头雁，所以你大可放心！

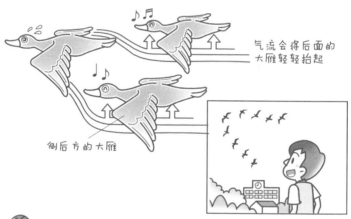

气流会将后面的大雁轻轻抬起

侧后方的大雁

大雁属于大型候鸟。其中，白额雁的体长可以达72厘米。因此，也有人认为这种飞行方式是为了避免翅膀碰撞。

245 人气值

自然　食物　工具　生物　人类　社会

夏季，为什么傍晚时天依旧很亮？

下列说法中，正确的是哪一个？

1 地球的自转速度变慢了。
所以太阳才迟迟不肯落山。

2 日照时间变长了。
因为太阳升得高嘛！

3 光线强，所以才感觉亮。
夏日的阳光多耀眼啊！

答案在下一页！

答案 2　夏季的日照时间长。

众所周知，地球围绕太阳进行公转，公转平面与自转轴不垂直。因此，季节不同，太阳相对地球的位置也有所不同。

虽然太阳每天都是东升西落，但对于我们来说太阳的运动轨迹却日日不同。例如，夏季太阳可升至我们的头顶，但冬季，正午时也绝不可能达到这个高度。太阳升得越高，日照时间也就越长。所以，夏季天亮得早，黑得晚，傍晚时分天依旧很亮。

夏季和冬季，太阳的运动轨迹

傍晚6点，太阳仍未落山。　　傍晚6点，太阳已经落山。

在北半球，6月22日前后，昼最长、夜最短，人们将这一天称为夏至。此时，北极几乎没有黑夜，这种现象被称为极昼。

| 自然 | 食物 | 工具 | 生物 | 人类·社会 |

249 人气值

为什么排行榜 **61** 位

为什么腌制食品不易腐烂?

下列说法中,正确的是哪一个?

1 盐或糖具有杀菌功效。
这个人尽皆知吧!

2 由于有咸味的掩盖,即使坏掉了,人们也吃不出来。
不是没坏,只是尝不出来。

3 腌制用的盐或糖浓度很高。
细菌在其中无法存活。

答案在下一页!

答案 3 腌制食物时使用了高浓度的盐或糖。

食物之所以会腐烂在于微生物能分解有机物。而微生物的生存需要适宜的环境,一旦这种环境被破坏,微生物便无法生存。

我们一般用大量的盐或者糖腌制食物,高浓度的盐或糖会形成很高的渗透压。在高渗透压的环境中,微生物的细胞中的水分会流出,细胞变得干燥,无法存活,更不能繁殖,食物也就不易腐烂变质了。

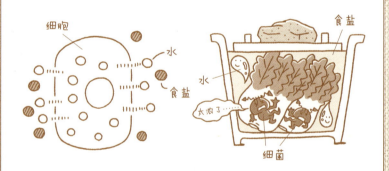

无论用糖、大酱还是米糠腌制食物,其实都利用了这个原理。另外,腌制食品中还富含一种对人体有益的乳酸菌。食物在这种有益菌的作用下,还会独具风味。

253 人气值

为什么人在生病时会发烧？

下列说法中，正确的是哪一个？

1 调节体温的功能变弱了。
脑子的反应变慢了。

2 为了消灭细菌和病毒。
细菌和病毒惧怕高温。

3 细菌向体内释放热量。
细菌本身会发热。

答案在下一页！

答案 2　为了消灭细菌和病毒。

为什么我们得流感、腮腺炎或者起水痘时会发烧呢？

首先要明确一点，上述疾病均由细菌或病毒引起。细菌在体内快速繁殖，危害身体。当然，身体也不会任其肆虐。人类的大脑有一个专门负责调节体温的区域。该区域会发出指令让肌肉颤抖，借此提高体温。生病时，人会发抖、发烧就是这个原因。

体温升高又有什么作用呢？原来，细菌和病毒惧怕高温，而抗击细菌和病毒的白细胞在高温环境下更加活跃。发烧说到底就是人体抗击细菌的自救行为。

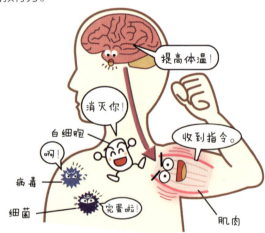

并非所有的发热均由细菌和病毒引起。比如骨折或创伤面积较大时，为了促进伤口愈合，身体的反应比较剧烈，这时体温也会升高。

自然　食变　**工具**　生物　人类社会

256 人气值

为什么排行榜 **59** 位

为什么毛玻璃贴上胶带后会变得透明?

下列说法中,正确的是哪一个?

1 是胶带反光造成的。
映射了周围的物体。

2 胶水可以使玻璃溶解。
胶带上的胶水可以使玻璃溶解。

3 毛玻璃上的凹坑被填平了。
粗糙的表面变光滑了。

答案在下一页!

答案 3

毛玻璃上的凹坑被填平了。

毛玻璃是一面粗糙的半透明玻璃。如果用放大镜观察粗糙面，你会发现其实上面满是凹坑。这些凹坑会使光线向各个方向散射（物理学中称为漫反射），因此玻璃看上去发白、不通透。

如果在毛玻璃表面贴上透明胶带，胶带上的透明胶质就会将毛玻璃表面的凹坑填平。没有了凹坑，就不会发生漫反射，玻璃自然就变得透明了。

同理，在毛玻璃表面涂上油或水也可以填平凹坑，让玻璃变得透明。

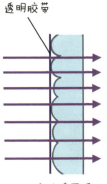

光线向四面八方散射，因此看不清对面。

透明胶带

凹坑被填平后，玻璃变通透了。

用喷砂机或金属刷处理普通玻璃表面，便可以将它制成毛玻璃。

260 人气值

为什么自行车的内胎过段时间就会瘪掉?

下列说法中,正确的是哪一个?

 其实橡胶是有孔的。
孔很小,肉眼看不见。

 被外界的空气压瘪了。
因为外界的空气多啊!

 胎内的空气没少,只是收缩了。
空气被压缩了,体积变小了。

答案在下一页!

答案 1 橡胶有许多肉眼看不见的小孔。

自行车的内胎大多数由橡胶制成。橡胶看上去密不透风,其实却布满了肉眼看不见的小孔,车胎内的空气会通过小孔向外慢慢渗透。气球慢慢变瘪也是同样的道理。

车胎瘪掉时,不仅骑行费力,内胎也极易受损。因此,每隔一段时间就应该给轮胎打一次气。

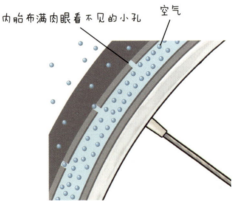

内胎布满肉眼看不见的小孔　空气

1887年,名为邓禄普的英国兽医发明了充气轮胎。之前,轮胎均为铁制。为了让儿子骑行舒适,他发明了充气轮胎。

265 人气值

高气压和低气压是如何形成的?

下列说法中，正确的是哪一个？

1 风的强弱决定了气压的高低。
大风持续吹便形成了高气压。

2 温度高则气压高，温度低则气压低。
也就是说，温度决定气压。

3 地面和海面的温差形成了高低压。
温度不同，空气的密度也不同。

答案在下一页！

答案 3 地面和海面的温差形成了高低压。

　　地球表面覆盖着一层厚厚的空气。气压就是空气施加给地球的压力。高压区空气厚而重；低压区空气薄而轻。

　　为什么不同地区气压会有所不同呢？这和地表的升温方式有关。温暖的空气受热膨胀，体积大、密度小，因此较轻；寒冷的空气遇冷收缩，体积小、密度大，因此较重。例如，冬季的西伯利亚地区较为寒冷，因此该区域的空气较重，于是便形成了高气压区。而夏季的南太平洋地区，温度较高，海水不断蒸发，形成了上升气流，因此该区域就成为了低气压区。上升气流含有大量水分，容易成云致雨，因此低气压区经常出现雷雨大风的天气。

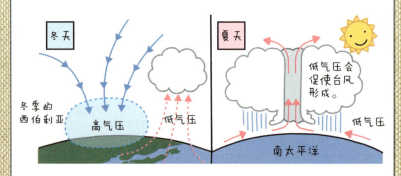

　　陆海相接的地方，陆地升温快。因此夏季，陆地往往成为低气压区，海洋则成为高气压区。

266 人气值

为什么古代的音乐家都梳着卷发？

下列说法中，正确的是哪一个？

1 其实是假发，代表某种礼仪。
是王宫的特定装束。

2 是音乐家的身份象征。
长卷发在音乐家间已约定俗成。

3 当时的音乐家均为女性。
卷发刚刚流行。

答案在下一页！

答案 1 佩戴假发是当时的礼仪。

翻看音乐书时,我们不禁会问:为什么巴赫、亨德尔等音乐家都留着一头长长的卷发呢?其实,那并非真发,而是佩戴的假发。

大约400年前,法国国王路易十三因病脱发,无奈之下他只好佩戴假发。他的儿子路易十四苦于身材矮小也佩戴假发,这样可以让他看起来高一些。于是,佩戴假发便成了一种时尚,宫廷的人纷纷效仿。

假发不仅流行于法国,周边的国家也将其作为正式场合的装束。因此,为王室演奏的音乐家也必须佩戴假发。

巴赫

亨德尔

摘掉假发后的亨德尔

路易十四

1789年,法国大革命推翻了当时的君主专制,戴假发习俗也随之结束。因此,舒伯特、肖邦等大革命以后出生的音乐家就都梳着普通的短发。

为什么排行榜 55 位

269 人气值

为什么花样滑冰运动员怎么转都不会头晕?

下列说法中，正确的是哪一个？

1 头晕的人成不了花样滑冰运动员。
不会头晕是成为花样滑冰运动员的先决条件。

2 长期练习可以使目光保持稳定。
目光稳定，人就不会头晕。

3 持续给眼部做按摩。
按摩眼周可防止头晕。

答案在下一页！

答案 2

长期练习可以使目光稳定。

花样滑冰运动员怎么转都不会头晕，这是为什么呢？其实，他们刚接触花样滑冰时也会头晕。

当身体转动时，耳内半规管中的液体随之旋转。周围的纤毛也会随着旋转弯曲，纤毛弯曲会让人产生眩晕的感觉。

当身体停止转动时，半规管内的液体在惯性作用下仍会旋转，汗毛还是会随之弯曲，我们仍会头晕。

不过，长期训练，使每次旋转时目光稳定在同一个点上，可减弱旋转时纤毛的弯曲程度，也就不那么晕了。

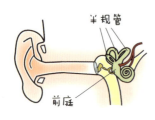

通过长期训练，身体适应了，就不会发出指令让眼球转动了。

半规管由三个相互垂直的小环组成，分别负责感知前后、上下、左右的运动。半规管的前庭则负责感知身体的倾斜程度。

271 人气值

为什么排行榜
54 位

为什么招财猫要举起前爪?

下列说法中,正确的是哪一个?

1 来源于一则传说。
据说一只猫举起前爪帮助了路人。

2 生意好的店里,常有这种猫。
这种猫喜欢举起前爪,人们据此塑造了招财猫的形象。

3 有举手投降之意。
生意太忙,忙不过来啊!

答案在下一页!

答案 1 来源于一则猫举起前爪帮助路人的传说。

招财猫举起前爪，仿佛是在招呼路人。这个手势来源于一则猫举起前爪帮助路人的日本传说。

当然，故事有很多版本。有的说，寺庙门前的一只小猫，举起前爪招呼路人。路人刚走进寺庙，外面顿时电闪雷鸣，大雨瓢泼，路人由此免于被雨淋。还有个传说，一名打了败仗的武士，在小猫的招呼之下走进一间寺庙，结果体力大增，最终取得了胜利。

从那时起，招财猫被奉为吉祥之物，备受喜爱。

据说，猫举右手意味着招财进宝，猫举左手意味着客源滚滚。

举起右手的招财猫

日本明治时代以后，招财猫逐渐成为商人们的吉祥物，后传入中国。但举双手的形象却不招人待见，这是因为举起双手有投降之意。

275 人气值

为什么向日葵有那么多籽？

下列说法中，正确的是哪一个？

1 人们为了自身需要，对向日葵进行了改良。
人们想获得更多的葵花子。

2 向日葵的花盘上聚集着许多小花。
花多，籽当然也多。

3 为了生存，进化而来。
难道向日葵要灭绝了吗？

答案在下一页！

答案 2

向日葵的花盘上聚集着许多小花。

向日葵、大蓟、蒲公英，都属于菊科植物。虽然向日葵看上去像一朵大花，但并非如此。向日葵的花由舌状花和管状花两部分组成。舌状花即位于花盘外围的黄色花瓣，无花蕊不结果实，管状花则是花盘内部的柱状物，可结果实。

较大的葵花盘可生长1000朵管状花，因此就能结1000粒籽。

向日葵的花和籽

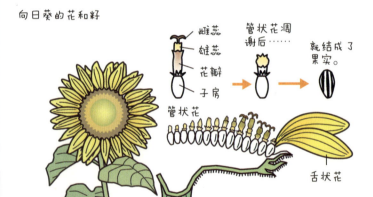

舌状花开花后，管状花从外向内依次开放，因此籽从外开始成熟。舌状花不结果实，是因为它没有雄蕊和雌蕊。

| 自然 | 食物 | 工具 | 生物 | 人类·社会 |

277 人气值

为什么排行榜 **52** 位

为什么冬天冷，夏天热？

下列说法中，正确的是哪一个？

1 夏天，地球距离太阳近。
所以气温升得快。

2 植物的数量决定了温度的高低。
植物能释放热量，因此夏季温度高。

3 太阳的照射时间和角度不同。
夏天，太阳位置高，日照时间长。

答案在下一页

答案 3 太阳的照射时间和角度随季节变换。

地球一边自转，一边围绕着太阳进行公转。不过，地球自转的轴线并非与黄道面垂直，而是成一定倾角。随着季节的变换，太阳的照射角度和日照的时长均会发生改变，因此地表接收的热量不同，气温当然也有所不同。

太阳光线越接近直射，该地区地表以及上空的空气就越容易升温。反之，则不易升温。

另外，夏天的光照时间长，冬天的光照时间短，这也是夏天热、冬天冷的原因之一。

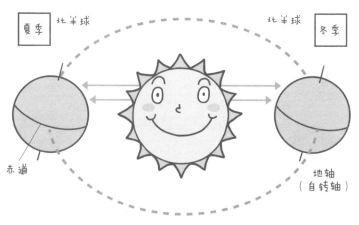

中国位于北半球，太阳直射点到达最北端的这一天被称为夏至。夏至一般在6月22日前后。这一天，北纬23.5度的地区正午时太阳可直射地面，这条纬线则被称作北回归线。

自然 **食物** 工具 生物 人类·社会

278 人气值

为什么红茶加入柠檬后颜色会变浅？

下列说法中，正确的是哪一个？

1 柠檬的黄色盖过了红茶的颜色。
柠檬的黄色很亮眼哦！

2 柠檬中的酸性物质改变了红茶的色素成分。
柠檬中含有酸性物质。

3 柠檬的水分稀释了红茶。
柠檬的水分很多。

答案在下一页！

答案 2：柠檬中的酸性物质改变了红茶的色素成分。

在褐色的红茶中加入几片柠檬，红茶的颜色就会立刻变浅。其实，这是由于红茶的色素成分在柠檬的作用下，变成了其他物质。

具体说，就是红茶中的色素与柠檬中的柠檬酸、果酸发生化学反应，生成了一种新的物质。这种物质难溶于水且密度较大，会沉至红茶底部。因此，加入柠檬后红茶的颜色会立刻变浅。

啊！颜色变浅了！

不仅柠檬，凡是酸性物质都可以使红茶的颜色变浅。不信的话，用家中的食醋试试吧！

自然　食物　工具　生物　**人类·社会**

297 人气值

为什么排行榜 **50** 位

为什么理发店门口有一个红白蓝三色的旋转彩柱?

下列说法中，正确的是哪一个?

1 这三种颜色最显眼，从远处就能看见。
行业协会规定的。

2 理发业起始于法国。
红白蓝是法国国旗的颜色。

3 代表血和绷带。
在中世纪的欧洲，理发师不仅理发，还为病人放血。

答案在下一页!

答案 3 在中世纪的欧洲,理发师不仅理发,还为病人放血。

红、白、蓝三色的旋转彩柱是理发店的标志。

在12世纪的欧洲,理发师不仅帮人剃头,还为病人放血、包扎止血绷带。他们的工作很像现在的外科医生。

据说,一位理发师偶然间看到晾晒着的绷带缠在棒子上面,便设计出了旋转立柱。

后来,放血治疗成了医生的工作,理发店为了与之区别,便在立柱上增加了蓝色。

放血时,供病人紧握的木棒。

当然,还有人认为红色代表动脉(由心室发出的血管),蓝色代表静脉(导血回心的血管)。16世纪以后人们才发现动脉和静脉,因此这个说法不太可信。

自然　食物　工具　生物　**人类·社会**

280 人气值

为什么排行榜 **49** 位

为什么信号灯要使用红黄绿这三种颜色？

下列说法中，正确的是哪一个？

1 这三种颜色最显眼，从远处就能看见。
三种颜色的反差最大。

2 是信号灯发明国的国旗颜色。
发明信号灯国家的国旗就是这三种颜色。

3 过去只有这3种颜色的灯。
没有其他颜色的灯！

答案在下一页！

三种颜色的反差最大。

这三种颜色的反差最大，区别最明显。

其中，红色最容易被人眼识别。因此交通法规中用红色表示停。最容易识别的颜色当然用来保护人们最宝贵的生命喽！其次，较容易被人眼识别的颜色为黄色，因此被用来提醒人们注意。

无论在哪个国家，信号灯都完全通用。

红色传递给大脑的速度最快。

啊！红灯！

信号灯一般设置在道路中央，从中间向路旁依次为红、黄、绿。这么设置是为了避免树枝遮挡，减少交通事故。

自然　食物　工具　生物　人类社会

为什么排行榜 48 位

282 人气值

为什么中国冬天刮西北风？

下列说法中，正确的是哪一个？

1 海水自西向东流。
海水的流向变化影响风向。

2 西部的气温高。
温度才影响风向。

3 冬天海洋温度比陆地温度高。
海水的保温性质比较好。

答案在下一页！

答案 3

冬天海洋温度比陆地温度高。

地球表面覆盖着一层厚厚的空气，空气的形态决定了天气的变化。太阳的热辐射作用让地表空气受热膨胀，形成上升气流，于是出现了低压区。空气会从高压区流向低压区，因此形成了风。

水的导热性比空气弱，所以保温性好。冬天时，陆地温度低于海洋。在西伯利亚地区（陆地）形成高压，而在中国东部海洋上空形成低压，风就从西向东流动。再加上地球自转，便形成了西北风。

大气的流动

造成空气流动的原因有很多，地表附近的空气流动也容易影响天气的变化。因此绝不能一概而论。

283 人气值

为什么刚出生的婴儿不会走路?

下列说法中,正确的是哪一个?

1 未发育完全就出生了。
在母体内的发育时间较短。

2 腿的发育最为迟缓。
腿没有发育完全。

3 婴儿的腿只适合游泳。
母体内是一个水环境。

答案在下一页!

答案 1 尚未发育完全就脱离了母体。

人类进化为直立行走导致骨盆开口的增大是有限度的,这决定了婴儿大脑的容量不能超过385毫升。也就是说,大脑发育了25%~30%时母亲便要分娩,这个时候的妊娠期正好是9个月左右。人类新生儿出生以后,其大脑继续成长,直到四五岁脑量才接近成人水平,约1400毫升。可以说,人类都是早产宝宝,各方面的身体功能都未发育完全。

270天

340天

袋鼠的幼崽在母体内仅发育30~40天,因此出生后还会在母亲的育儿袋内吸吮乳汁继续发育。

自然　食物　**工具**　生物　人类·社会

286 人气值

为什么排行榜 **46** 位

肥皂是用什么制成的?

下列说法中，正确的是哪一个?

1 如字面所示，由皂物制成。
是可做黑色染料的植物，如柞栗之类。

2 用动植物的油脂制成。
用油制成，所以才能去油。

3 用鸡蛋壳制成。
鸡蛋壳磨成粉后有增白去污的作用。

答案在下一页!

答案 **2**

用动植物的油脂制成。

众所周知,肥皂可以洗掉油污。不过肥皂的原料就是油脂,你知道吗?无论是牛油、羊油等动物性油脂,还是椰子油、豆油、蓖麻籽油、米糠油等植物性油脂,都可以当肥皂的原料。

那么,如何制作肥皂呢?首先在油脂中加入氢氧化钠溶液,边加热边搅拌。之后放入适量的食盐。在食盐的作用下,肥皂会析出并浮于水面。最后去掉多余的水分,加入色素和香料放入模具中,压缩成型即可。

肥皂的主要成分高级脂肪酸盐可以和油脂紧密结合,因此具有去油功效。

肥皂的制作方法

肥皂的历史可以追溯至3000年前。据说人们偶然间发现了烤肉滴落的油脂和地上的草木灰(碱性物质)混合后具有去污能力,从此肥皂走进了千家万户。

290 人气值

为什么排行榜 **45** 位

节目的收视率是怎么算出来的？

下列说法中，正确的是哪一个？

1 在电视机上安装专门的设备。
这种设备可以监测用户收看的频道。

2 通过问卷调查计算收视率。
大街上经常有人搞问卷调查吧？

3 通过电话或邮件进行询问。
广电总局会定期调查。

答案在下一页！

答案 1 在电视机上安装专门的设备。

收视率指某一时段内收看某节目的人数比率。专门的调查机构会选定足够数量的家庭作为样本,在他们的电视机上安装专门的设备。该设备会将用户收看的节目信息自动发回给调查机构。

比如,1000户家庭中有50户正在看某一档节目,此时哪怕其他用户都没有看电视,该节目的收视率也为5%。

至于这1000户家庭是如何选出来的,有相关原则与规定。

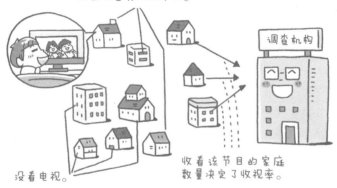

正在收看其他的节目。
没看电视。
收看该节目的家庭数量决定了收视率。

目前,中国存在着两家大型收视率调查公司:央视-索福瑞和AGB尼尔森媒介。前者是中央电视台市场研究股份有限公司与市场研究集团TNS共同建立的合资公司,后者是AGB集团和尼尔森媒介研究于2004年合资成立的电视收视率研究公司。

自然　食物　工具　生物　**人类·社会**

292 人气值

阿拉伯数字是阿拉伯人发明的吗?

下列说法中,正确的是哪一个?

1 是阿拉伯人发明的。
所以叫阿拉伯数字。

2 不是,是古印度人发明的。
只是由阿拉伯人传播。

3 不是,是欧洲人发明的。
经阿拉伯人传播。

答案在下一页!

答案 2 是古印度人发明的。

3世纪，古代印度人发明了包括"零"在内的十个数字符号，还发明了现在通用的十进位法。

8世纪，印度书籍随着商人的驼群来到了阿拉伯帝国的首都巴格达城。这时，中国的造纸术正好传入阿拉伯。于是，书籍很快被翻译成阿拉伯文，在阿拉伯半岛上流传开来，书中的数字也随之传播到阿拉伯各地。

12世纪，随着东西方商业的往来，这套印度人发明的数字由阿拉伯商人传入欧洲。欧洲人以为这套数字是阿拉伯人发明的，造成了这一历史误会。尽管后来人们知道了事情的真相，由于已经习惯了也就没有改正叫法。

汉字数字	一	二	三	四	五	六	七	八	九	零
阿拉伯数字	1	2	3	4	5	6	7	8	9	0

阿拉伯数字采取位值法，高位在左，低位在右，从左往右书写。借助一些简单的数学符号（小数点、负号等），这个系统可以明确表示所有有理数。

为什么排行榜 **43** 位

人类·社会

294 人气值

为什么家里生了小孩要送亲朋红鸡蛋？

下列说法中，正确的是哪一个？

1 红色看上去比较喜庆。
红色是报喜的标志。

2 红鸡蛋比较滋补。
红颜色的东西看着有营养。

3 古人相信红色可以避邪。
红色具有神奇的法力。

答案在下一页！

答案 3 人们相信红色可以避邪。

中国民间流传着这样一首民谣:"红鸡蛋,满脸串,今年吃你的喜馍馍,明年吃你的红鸡蛋。"这句歌谣是祝福的吉语,开头和结尾的两处红鸡蛋代表的含义并不相同。前一个"红鸡蛋"是作为一种圣物出现,祈子赐福;后一个"红鸡蛋"则成为孩子降生的报喜标志。

向亲友分发用颜料染红的鸡蛋,是一种通行于全国各地的庆祝方式,常用于结婚、生育、庆祝满月等各种喜庆场合。

还有一种红壳鸡蛋,相对于白壳鸡蛋,壳发橘红色,与满月酒送的红鸡蛋的意义可不是一样哦。

自然　食物　工具　生物　人类·社会

为什么排行榜 42 位

295 人气值

为什么日本人打电话时，要说"莫西莫西"？

下列说法中，正确的是哪一个？

1 来源于一句歌词。
是脍炙人口的名曲哦！

2 为简略用语。
意思为"我要说话了哦"。

3 英语中的"hello"翻译成日语就是"莫西莫西"。
电话是美国发明的嘛！

答案在下一页！

答案 2：是日语中"我要说话了哦"的省略语。

日本明治维新以后,电话才传入。当时,人们无法与对方直接通话,必须先打给电话局,经接线员转接后才能与对方取得联系。因为不认识接线员,所以正式说话前常会试探着说:"我要说话了哦!"

这句话简略之后就成为"莫西莫西"。虽然今天不需要接线员转接了,但这句话却早已深入日本人心,成了最为常用的电话用语。

日本明治时代的电话

打电话的人　接线员　接电话的人

我要说话了哦

美国人一般说"Hello",此用语由电话的发明人爱迪生率先使用。据说爱迪生因为听力障碍,能说清楚的单词就只有"Hello",于是"Hello"便成了拨打电话的问候语。

自然　食物　工具　生物　人类·社会

297 人气值

为什么太阳明明发着光，宇宙却是漆黑一片？

下列说法中，正确的是哪一个？

1 宇宙中存在着一种可以吸收光线的物质。
就是我们常说的黑洞。

2 宇宙太大，所以光线散失了。
宇宙浩瀚无际，所以我们看不到光。

3 光线无法被反射。
所以不觉得光亮。

答案在下一页！

答案 3 光线无法被反射,所以不觉得光亮。

地球自转产生了昼夜。日落之前是白天;日落之后是夜晚。白天明亮,要归功于包裹在地球周围的空气。空气中存在着许多微小颗粒,可以将光线反射至四面八方,因此才有了明亮的天空。

可是宇宙中没有空气,光线无法被反射。因此,太阳再怎么发光,宇宙也是一片黑暗。

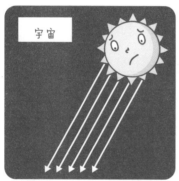

没有空气,光线无法被反射。

空气中颗粒物会反射光线,所以天空明亮。

宇宙中还存在着由氢气等气体聚集而成的星云。如果星云附近存在着发光的天体,它们也会反射出耀眼的光芒。因此宇宙中并非完全没有光亮。

自然 食物 **工具** 生物 人类·社会

298 人气值

为什么排行榜 **40** 位

为什么抽水马桶会自动停止上水?

下列说法中,正确的是哪一个?

1 水箱内的浮球能够控制水量。
水箱内有浮球哦!

2 水箱满了就会停止上水。
水箱中的水装满即止。

3 水箱内有水量感应设备。
通过红外线自动感应水位。

答案在下一页!

水箱内的浮球能够控制水量。

如厕后,扳动冲水把手,水箱内的排水阀打开,水便会冲进马桶。当水箱内的水减少到一定量时,排水阀会随着水流重新堵住出水口。

水量的减少让浮在水箱内部的浮球降低,同时带动进水阀打开。水进入水箱后,浮球会随着水量的增加而升高,达到一定水位时,就会关闭进水阀停止进水。

这就是抽水马桶自动停止上水的原理。

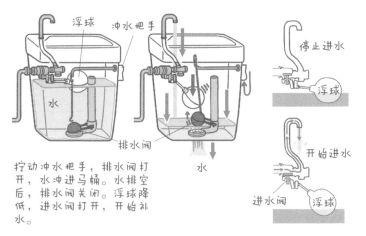

拧动冲水把手,排水阀打开,水冲进马桶。水排空后,排水阀关闭。浮球降低,进水阀打开,开始补水。

马桶有时会流水不止,造成这种情况的原因有很多,例如浮球脱落、排水阀周围有异物等,应具体问题具体分析。

为什么排行榜 **39** 位

自然　食案　**工具**　生物　人类·社会

301 人气值

为什么插头上有两个小孔？

下列说法中，正确的是哪一个？

1 是进口的标志。
按规定，日本生产的插头必须有孔。

2 降低触电的风险。
电流可从孔中流走，使用起来更放心。

3 防止插头脱落。
是一种特殊的设计。

答案在下一页！

答案 3 防止插头脱落。

首先，让我们观察一下插座的结构。虽然从外观上看不出任何特别之处，打开插座后你会发现，内部的金属夹片上有两个凸起。当我们把插头插入其中，插座金属夹片上的凸起就会嵌入插头的孔内，这样插头就不易脱落了。如果插头没有孔，家中的宠物或幼儿很容易弄掉电器的电源，那可就麻烦了。

小时候，家长经常告诫我们，拔插头时不可以强拉硬扯。因为插头上的有孔设计使插头不易脱落，强拉硬扯可能会损坏电路，甚至拉断电线。所以拔插头时务必要小心慢拔。

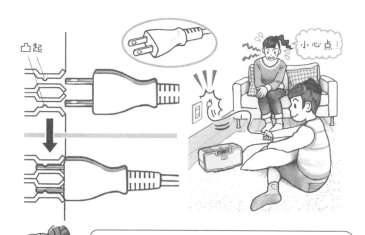

日本有关部门规定，插头必须有孔。同时该部门对孔的位置和大小也做出了明确的规定。中国目前还没有具体规定。

自然 食物 工具 生物 人类·社会

为什么排行榜 **38** 位

305 人气值

为什么星星有不同的颜色？

下列说法中，正确的是哪一个？

1 星星的温度和表面形态不同。
例如，温度高的星星呈蓝白色。

2 和地球的距离不同。
离地球越远，看上去就越红。

3 植物和海水的颜色不同。
例如，地球就是绿色和蓝色的星球。

答案在下一页！

答案 1

温度和表面形态不同导致星星呈现出不同颜色。

天空中的星星可大致分为两类：一类是本身可以发光发热的恒星，例如太阳；还有一类是本身不发光，反射外来光源的行星。

对于恒星而言，星球表面的温度决定了它的颜色。例如，烤炉或烤箱通电后，随着温度的升高，黑色的金属丝会慢慢变红。同理，星球表面达到3500℃时会发出红光，如果温度更高，则发出橘黄、黄、白、蓝等其他颜色的光。例如发蓝光的恒星，其表面温度可高达20000℃。

至于行星，它的颜色与表面的大气以及地貌性质有关。例如，火星表面富含铁矿，因此它看起来呈红色。

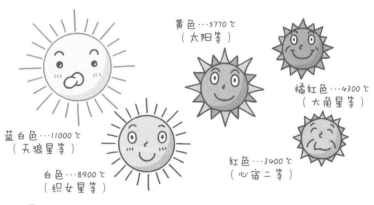

黄色…5770℃（太阳等）

橘红色…4300℃（大角星等）

蓝白色…11000℃（天狼星等）

白色…8900℃（织女星等）

红色…3400℃（心宿二等）

我们还可以通过颜色了解恒星的年龄。例如，蓝白色意味着新生的恒星。温度越低，颜色越红，恒星的年龄也就越大。

自然 食物 工具 生物 人类・社会

309 人气值

为什么排行榜 37 位

为什么人在飞速前行的列车中跳起后仍会落回原位？

下列说法中，正确的是哪一个？

 1 跳的方法不对。
多训练弹跳就会向后落。

 2 跳的方向就是斜前方。
也就是说，人和车一起前行了。

 3 并没有落回原位。
错觉而已，其实人已经落在后方了。

答案在下一页！

答案 2: 跳的时候,人和车一起前行。

人在飞速前行的列车中奋力向上跃起,竟然还是落在原来的位置。其实,跳起的时候你已随车前行。因此,相对于地面而言,你的跳跃轨迹并非垂直向上而是斜前方。虽然你没有刻意为之,但由于列车在运行,你已获得了和列车相同的速度。

如果跃起的瞬间,列车的速度发生了改变,那么你的落地位置就会发生改变。例如,在你一跃而起的瞬间,列车急刹车,那么你的落点就会向前。反之,如果列车突然提速,你的落点就会向后。

落回原位

列车急刹车,落点向前。

列车忽然提速,落点向后。

同理,地球自转时,生活在地表的人们也会随之旋转。因此,人们跳起后仍会落回原地。

为什么排行榜 36 位

312 人气值

为什么铁轨之间要留有缝隙?

下列说法中,正确的是哪一个?

1 避免铁轨变形。
天气炎热时,铁轨会受热膨胀。

2 方便更换。
为了安全起见,铁轨需定期更换。

3 安装时错位了。
施工要求不严格造成的。

答案在下一页!

答案 1 避免天气炎热时铁轨变形。

虽然铁轨看似坚硬无比，不过随着温度的变化，依然会热胀冷缩。炎热的夏天，单根铁轨由于受热膨胀，长度会变长。如果铁轨之间没有空隙，膨胀的铁轨相互挤压，轨道就会发生变形。这就是铁轨间要留有缝隙的原因。

不过，铁轨之间的缝隙会导致列车行驶时颠簸。所以最新型的轨道不仅单根长度超过了200米，铁轨间的接缝也改为斜口。这样可以减少列车颠簸，提高乘客的舒适度。

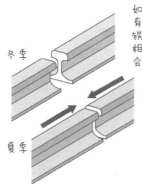

如果铁轨之间没有空隙，各单根铁轨受热膨胀、相互挤压轨道就会发生变形。

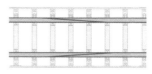

新型铁轨的接缝处

无缝线路是将标准长度的钢轨焊联而成的长钢轨线路，其优点在于彻底消灭了钢轨接头，是实现高速铁路高平顺性、高稳定性、少维修量等设计目标的关键技术之一。

318 人气值

为什么圣诞节要吃蛋糕?

下列说法中,正确的是哪一个?

1 为了纪念第一位糕点师的诞生。
从此,世间多了一道美食。

2 庆祝耶稣的降生。
耶稣是基督教的创始人。

3 Christmas的希伯来语原意为蛋糕。
也就是说,这一天是蛋糕日。

答案在下一页

答案 2 为了庆祝基督教创始人——耶稣的降生。

圣诞节是西方的传统节日。基督徒为了纪念耶稣降生,将每年的12月25日(即耶稣的降生日)定为圣诞节。圣诞节当天,人们都会在安静祥和的气氛中度过。不过圣诞节前夜,人们会吃蛋糕、开派对、互赠礼物,不亦乐乎。

时至今日,中国人也会在圣诞节这一天吃蛋糕、搞庆祝活动,不过宗教色彩已经淡化了很多。

英国的圣诞布丁里面有很多干果哦!

日本人喜爱的花饰蛋糕。

德国的史多伦是覆盖着白色糖粉的干果面包。

法国的树干蛋糕形如树干,表面覆着可可酱。

意大利的潘妮朵尼是口感松软的黄油面包。

每个国家都有自己的圣诞节专属蛋糕。例如,法国是树干蛋糕,英国是干果布丁,德国则是干果面包。

323 人气值

为什么感冒会引起鼻塞?

下列说法中,正确的是哪一个?

1 防止细菌入侵。
大脑发出指令,让鼻孔收缩。

2 发烧时鼻涕凝固了。
堵住了鼻孔。

3 鼻腔黏膜水肿。
导致空气通道受阻。

答案在下一页!

答案 3 鼻腔黏膜水肿让鼻腔内空气流通受阻。

空气中的细菌和病毒是感冒的罪魁祸首。人呼吸时，细菌和病毒会刺激鼻腔黏膜，导致黏膜红肿。肿胀的黏膜阻塞了空气通道，因此产生了鼻塞现象。

鼻腔内侧覆盖着一层柔软的黏膜，上面布满了血管和神经，十分敏感。鼻腔黏膜接触细菌或病毒时，会分泌大量液体，试图将细菌或病毒冲走。这就是我们所谓的鼻涕。

黏膜肿胀，流鼻涕，鼻子堵住了！

好难受啊！

病毒是一种比细菌更小的微生物，它没有细胞结构，只能在细胞中增殖，具有遗传、复制等生命特征。

仓鼠 食物 工具 **生物** 人类·社会

327 人气值

为什么深海鱼不会被海水压扁?

下列说法中,正确的是哪一个?

1 深海鱼的皮肤非常结实。
可以承受海水的压力。

2 鱼的体内也向外施压。
内外压力刚好保持平衡。

3 它们只生活在水压小的海域。
深海也有压力小的地方嘛!

答案在下一页!

答案 2　深海鱼的身体构造能够保持体内压力与外部水压之间的平衡。

水压，即来自水的压力。生活在陆地上的人们要承受来自空气的压力，同样生活在水中的鱼儿要承受来自水的压力。我们进入浴池后，如果闲来无事量一下腰围，你会发现自己变瘦了。其实，这是腰腹部受水压迫造成的。

在海水中，每下降10米，就会增加约1千克重的压力。因此在1000米深之处，每平方厘米的表面就要承受约100千克的压力。为什么深海鱼没被压扁呢？这要归功于深海鱼的特殊身体构造。它们在受到100千克压力的同时，体内也会向外施加100千克的压力。

深海鱼与普通鱼类不同，它们的骨骼变得非常薄而容易弯曲，肌肉组织变得柔韧，体内充满脂肪。这种构造能让它们保持体内压力与外部水压之间的平衡。

各种各样的深海鱼

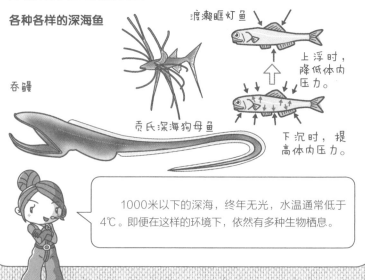

1000米以下的深海，终年无光，水温通常低于4℃。即便在这样的环境下，依然有多种生物栖息。

自然　食物　**工具**　生物　人类社会

329 人气值

为什么排行榜 **32** 位

橡皮筋是怎么做出来的？

下列说法中，正确的是哪一个？

1 把橡胶注入模具之中。
注入液态橡胶，待其凝固即可。

2 通过热处理将一定长度的橡胶条黏结成圈。
橡皮筋的中间产物则是橡胶条。

3 将橡胶管切成圈。
就像切年糕片一样。

答案在下一页！

答案 3　用橡胶管切成圈。

橡皮筋的原料为橡胶树的汁液。不过这种汁液凝固后一拉就断，为此人们在汁液中添加了一种常见的物质——硫黄。

在橡胶中加入硫黄，去除杂质，再将其制成长长的管状物。再将管状物浸泡在药液中，加热至200℃左右，此时橡胶会在硫黄的作用下变得有弹性、耐拉伸。

最后，将橡胶管切成一个个小圈，橡皮筋就诞生了。

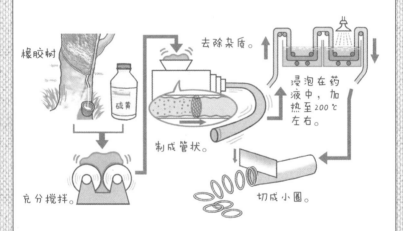

采自于橡胶树的橡胶被称为天然橡胶。这种橡胶经哥伦布引入欧洲，随着橡胶硫化技术的出现，橡胶被人们广泛应用。

人类·社会

为什么排行榜 31 位

331 人气值

为什么楼梯要设置缓步台？

下列说法中，正确的是哪一个？

1 这样楼梯会更坚固。
防止楼梯过陡，不安全。

2 古时候，人们在台阶上看舞剧。
这儿曾经是跳舞场。

3 让楼梯看起来更好看。
有弯更好看嘛！

答案在下一页！

答案 1

这样楼梯会更坚固。

常见楼梯一般由楼梯段、楼梯平台以及栏杆（或栏板）和扶手三大部分组成。楼梯平台也叫缓步台，其设置原因有三个：①减少梯梁弯矩力，让梯结构更稳定。②上下楼梯的人，可在缓步台作短暂休息，不会太累。③用缓步台作房间门口平台。

根据中国建筑行业的相关标准，缓步台净宽不应小于楼梯梯段净宽，并不得小于1.2米。

缓步台

下楼梯的时候，如果不小心滑倒了，缓步台还有阻挡和缓冲作用。另外，爬楼梯时，也可以在这里稍作休息。

| **自然** | 食物 | 工具 | 生物 | 人类·社会 |

338 人气值

为什么海水的颜色不尽相同？

下列说法中，正确的是哪一个？

1 蓝色色素的含量不同。
有的地方多，有的地方少。

2 光照强度不同。
例如，南方的海域光线较强。

3 蓝光的反射状态不同。
海水的水质也会影响蓝光的反射。

答案在下一页！

答案 3 海水的水质和蓝光的反射状态不同。

太阳光由红、橙、黄、绿、蓝、靛、紫七种颜色组成。阳光照射海面后，随着光线的前行，除了蓝光其他颜色的光均会被海水吸收。大部分蓝光由于海水以及颗粒物的阻挡，被反射了回来。因此，进入我们视线的大都为蓝光，大海看上去自然也呈蓝色。

海水的透明度越高，光线进入就越深，反射回来的蓝光也就越多，因此海水呈深蓝色。

如果海水浑浊，光线受阻大海则会略显黑色。

如果某海域存在大量珊瑚，白色的珊瑚礁和蓝色的海水相互映衬，大海可呈现出美丽的祖母绿般的颜色。

海水浑浊，光线受阻，因此大海略显黑色。

海水的阻挡让大部分蓝光被反射回来，因此大海呈蓝色。

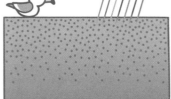
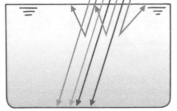

蔚蓝的海水盛入碗中，看上去却无色透明。原因就在于水量太少，不足以吸收其他颜色的光以及难以反射蓝色的光。

为什么排行榜 29 位

340 人气值

如何测量高空的温度?

下列说法中,正确的是哪一个?

1 用气球进行测量。
气球携带观测仪器升空测量。

2 在飞机的外面安装温度计。
应事先安装好温度计的卡槽。

3 用无人机进行测量。
由气象局的人操纵无人机。

答案在下一页!

答案 1 利用探空气球进行测量。

天气预报中,播报员常会提及高空温度。气象员不可能亲自去高空测量,那么高空温度究竟是如何测量的呢?

这里我们不得不提到一种仪器——无线电探空仪。

无线电探空仪装有敏感元件,可以测量高空的温度和气压。采集完的数据还可以通过无线电发射机被发送至地面接收站。通常,人们利用充满氢气或氦气的探空气球携带设备升空。

氦气球通常以每分钟300~400米的速度升空。当高度达到30千米时,气球自动破裂。此时,降落伞打开,仪器缓慢落地。

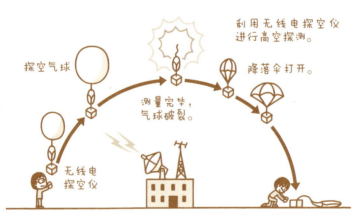

利用无线电探空仪进行高空探测。

降落伞打开。

测量完毕,气球破裂。

探空气球

无线电探空仪

氢气和氦气的密度比空气小,因此探空气球可以升空。

中国气象部门设定了120个高空气象观测站,观测站根据每天的任务情况要进行2次或4次高空探测。

遥控器为什么能"遥"控？

下列说法中，正确的是哪一个？

 1 利用网络遥控。
遥控器和电脑被连在一起。

 2 利用红外线遥控。
红外线载有按键信息。

 3 遥控器可发出超声波。
人类无法听到超声波。

答案在下一页

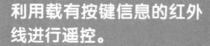

利用载有按键信息的红外线进行遥控。

利用遥控器，我们在远处就可以控制空调和电视机。遥控器头部的小灯叫作发光管。按下遥控器的按钮，发光管就会发出人眼无法看到的红外线。

红外线的载波频率代表了一组信息。这些信息被电视机或空调的接收器接收后便会按照指令进行相应动作。

此外，红外线还载有电器种类以及生产厂家的信息，因此你休想拿空调的遥控器来控制电视机！

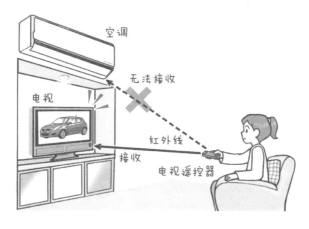

红外线和可见光一样，沿直线传播。因此，如果电视机前有障碍物，挡住了红外线，遥控器就会失灵！

自然　食物　工具　生物　**人类·社会**

346 人气值

为什么北方人除夕要吃饺子?

下列说法中,正确的是哪一个?

1 饺子是交子的谐音。
寓意吉祥如意、辞旧迎新。

2 饺子原本是季节更替的食品。
古代习俗,流传至今。

3 饺子有营养,又美味。
过年要吃美味嘛!

答案在下一页

答案 1 饺子是交子的谐音。

北方除夕夜多包饺子，十二点钟声一敲响，就开始吃饺子。因此时正是子时，以谐音取"更岁交子"的意思。为了讨吉利，人们往往把糖、花生、枣子、栗子和肉馅等，包入新年的饺子。放糖的，用意是新的一年日子甜美；放花生的，用意是长寿；还有一只饺子中放一枚硬币的，用意是吃到的人"财运亨通"。

新年快乐！

饺子形似元宝，新年时面条和饺子同煮，叫作金丝穿元宝。

| 自然 | 食物 | 工具 | 生物 | 人类、社会 |

349 人气值

为什么排行榜 **26** 位

为什么教室里的写字板明明是绿色的，却叫作黑板？

下列说法中，正确的是哪一个？

1 古代人将深颜色统称为黑色。
换句话说，发黑的东西全叫黑色。

2 原本是黑色的。
从国外传入中国时的确为黑色。

3 古时候，教师用墨汁在板上写字。
墨汁是黑色的，因此称为黑板。

答案在下一页！

答案 2

黑板从国外传入中国时的确是黑色的。

黑板最早应用于英国学校,当时的黑板确为黑色。传入美国后,英语也将其翻译为blackboard,black即黑色,board即板。

洋务运动以后,各地纷纷设立新式学校,黑板以及它的英文名称blackboard传入并被广泛应用。50年前,科学家发现绿色可以保护视力,于是黑色的黑板退出了历史舞台,不过名字仍沿用至今。

此后不仅出现了铁制的黑板,还出现了用水性笔书写的白板,从而避免了粉尘等问题。

最新研发的电子白板可将书写于白板之上的内容扫描并打印出来,十分方便。

自然　食物　**工具**　生物　人类·社会

352 人气值

为什么排行榜 **25** 位

为什么录音和自己的声音听起来不一样？

下列说法中，正确的是哪一个？

1 与录音机的性能有关。
无法还原真实的声音。

2 混合了周围的声音。
录音时，周围的声音也被录了进来。

3 声音的传导方式不同。
说话时，声音会传入自己的身体。

答案在下一页！

声音的传导方式不同。

声音源于物体的振动。周围的声音通过空气振动传入耳中，这种传导方式叫作空气传导。

说话时，振动由人的声带产生，经头颈部骨骼直接传入耳中，这种传导方式则叫作骨传导。

由于录音机记录的声音只是空气传导下的声音，而自己说话时听到的声音是空气传导和骨传导双重作用下的声音。因此，录音和自己的声音听起来会有所不同。一旦习惯了自己的录音，就不会觉得奇怪了。

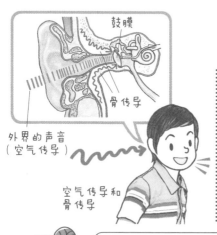

音乐家贝多芬双耳失聪后，无法通过空气传导获取外界的声音。为了继续自己的音乐事业，他将一根棒子支在钢琴上，通过骨传导的方式识别声音。

自然　食物　工具　**生物**　人类社会

为什么排行榜 24 位

355 人气值

章鱼的吸盘有什么用？

下列说法中，正确的是哪一个？

1 用吸盘吸水。
吸盘中间有孔。

2 抓捕猎物。
也可以吸附在岩石上。

3 释放臭气恐吓敌人。
吸盘可以释放臭气。

答案在下一页！

答案 2：吸附岩石，抓捕猎物。

章鱼有8只腕足，腕足上长有许多吸盘。据说体型较大的章鱼，每只腕足上的吸盘数量可以达到200个。章鱼的吸盘肌肉强劲，有很大的吸附力。因此，章鱼可以牢牢地吸附在岩石上，不被海水冲走。

另外，章鱼还借助吸盘捕食猎物。章鱼在捕食前，会悄悄靠近猎物，然后迅速伸出腕足，将猎物牢牢捆住。吸盘有强大的吸附力，猎物一旦被捕就很难逃脱。

章鱼用于吸附岩石、抓捕猎物的吸盘。

章鱼、鱿鱼以及墨鱼，人们戏称它们为软氏三兄弟。仔细看，三兄弟还是有区别的。章鱼有8条腕，鱿鱼、墨鱼皆为10条。章鱼身体柔软，鱿鱼长有软骨，墨鱼则有硬骨。

自然　**食物**　工具　生物　人类社会

357 人气值

辛辣食物中的"辛"是什么味道？

下列说法中，正确的是哪一个？

1 吃了之后感觉辛苦的味道。
累得很啊。

2 像咖喱的味道。
就是辣辣的咖喱。

3 辛就是辣味。
闻起来就超级辣。

答案在下一页！

答案 3 辛就是辣味的。

"辛"就是辣,这个构成属于同义反复,五味之一。辛辣的意思就是尖锐而强烈。五味泛指食物或药物的酸、苦、甘、辛、咸五种滋味。葱、蒜、韭菜、生姜、酒、辣椒、花椒、胡椒、桂皮、八角、小茴香等食物均有辛味,也就是刺激性气味,闻起来就觉得辣。

适当食用一些辛辣食品对人体健康是有益的。但食用过多,会刺激咽喉、食道和胃。因此,有咽喉炎、食道炎、胃炎和胃溃疡的患者应该尽量少吃辛辣食物。

中国南方一些省份的居民有吃辣椒的嗜好;北方居民则有吃大蒜的习惯。

| 自然 | 食物 | 工具 | 生物 | 人类社会 |

359 人气值

为什么池水从表面开始结冰？

下列说法中，正确的是哪一个？

1 温度低的水浮于表面。
水温达到4℃就会沉入池底。

2 空气中的小冰晶聚于水面。
和云的形成原理相同。

3 池底形成的冰浮上了水面。
其实冰是在池底形成的。

答案在下一页

答案 1：温度低于4℃的水会浮于表面。

一般情况下，物体都是受热后膨胀变轻，遇冷后收缩变重。

入冬后，由于水的热胀冷缩，表面温度低的水密度大会向下沉，底部温度高的水密度小会向上升，经过一段时间的对流运动，上下水温大致相同。有意思的是，水在4℃时密度最大。当池水整体的温度接近4℃时，池水的上升下降运动便会停止。

在冷空气的作用下，表面池水的温度先低于4℃，因为密度小便浮在了表面。温度下降至0℃时，表面便凝结成了冰。

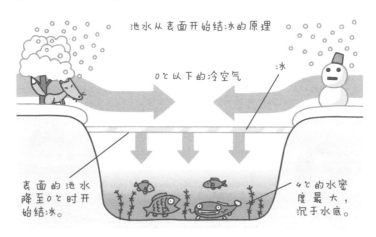

池水从表面开始结冰的原理

0℃以下的冷空气

冰

表面的池水降至0℃时开始结冰。

4℃的水密度最大，沉于水底。

表面的冰比池底的水密度小，因此不会下沉。这就是冬天池水表面已结冰鱼儿还能在水下生活的原因。

360 人气值

蝙蝠为什么倒挂着睡觉?

下列说法中,正确的是哪一个?

1 用翅膀保护头部。
倒挂的姿势方便保护头部。

2 数量多节省空间。
蝙蝠是群居动物。

3 蝙蝠无法站立。
蝙蝠的腿细且无力。

答案在下一页!

答案 3　蝙蝠无法站立。

蝙蝠是一种用乳汁哺育后代的哺乳动物，它们拥有超强的飞翔能力。为了减轻飞行时的重量，蝙蝠的腿骨进化得又轻又细，无法支撑站立的身体，因此不得不采用倒挂的方式休息。

另外，蝙蝠倒挂着时头部血管紧缩，流向头部的血液较少，所以倒挂时不会造成头部充血。

纤细的腿

蝙蝠属于翼手目动物，它们像鸟一样有翅膀，却没有羽毛、不生蛋，是唯一有飞翔能力的哺乳动物。

自然　食物　工具　生物　人类·社会

364 人气值

为什么排行榜 **20** 位

为什么奶糖的表面有凹坑？

下列说法中，正确的是哪一个？

1 有利于挤压向前。

表面无凹坑，则容易打滑。

2 奶糖的独特设计。

即最初的设计外观。

3 不易融化。

热量容易散失。

答案在下一页！

答案 **1**

有利于挤压向前。

奶糖的表面为什么会有凹坑呢？答案就藏在奶糖的制作过程中。

制作奶糖，首先要把糖稀、砂糖、炼乳等原材料搅拌均匀，再加入香料，冷却凝固后用机器压成长条状，最后在机器末端切成适当大小。

奶糖表面的凹坑就是在压制过程中产生的。仔细观察，我们会发现机器的滚轴上同样凹凸不平。这样的表面可以增加滚轴与奶糖间的摩擦力，确保压制环节的顺利进行。

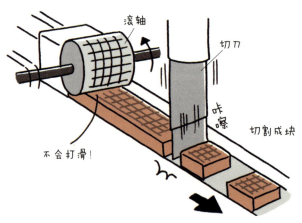

1899年，日本产的奶糖面市。起初，奶糖按块销售，并无盒装。顺便介绍一下，6月10日为日本的奶糖日。

自然 食物 **工具** 生物 人类·社会

为什么排行榜 **19** 位

366 人气值

水龙头内的金属零件有什么作用?

下列说法中，正确的是哪一个？

1 使水龙头更坚固。

内部支撑作用。

2 使水流顺直。

减弱水的冲击力。

3 使水流变小。

可以节约水哦。

答案在下一页！

答案 2　使水流顺直。

水龙头内的金属零件叫作整流网罩，它可以使水流顺直。水流经的管道弯弯曲曲，尤其当水流冲击临近出水口的拐弯后，流淌方向会变得很乱。

如果没有整流网罩，水流会呈伞状乱射。为了解决这一问题，人们发明了齿轮状整流网罩。它的阻挡作用，既可以减小水流的声音，又可以使水流顺直。

整流网罩

最新的水龙头多装有混合冷热水的混水阀。水龙头的出水口处装有铁网，这层铁网既有整流效果，也有过滤杂质的作用。

368 人气值

为什么排行榜 **18** 位

人类为什么有指纹?

下列说法中,正确的是哪一个?

1 具有防滑功能。
会爬树的猴子也有指纹!

2 为手长大预留出皮肤。
因此形成了褶皱。

3 小疤痕聚集而成。
婴儿时留下的疤痕。

答案在下一页!

具有防滑功能。

人类为什么有指纹？目前还没有确切的答案。但可以肯定的是指纹具有防滑功能。不信的话，用胶带把手指缠起来，你会发现东西变得难拿多了。

除了人类，猴子、猩猩、考拉等擅长攀缘的动物也长有指纹或类似于指纹的褶皱，这种生理结构有助于攀爬。

指纹还是汗腺的出口。出口突出于皮肤表面，相互连接就形成了指纹。

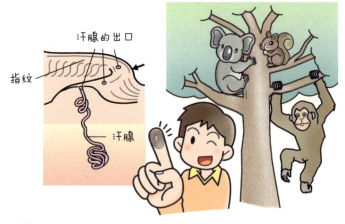

指纹人人皆有，却各不相同。手指接触到的地方会留下汗渍或油脂形成的指纹，因此警察可以通过指纹找到犯人。

为什么排行榜 17 位

371 人气值

暖宝宝是如何发热的?

下列说法中,正确的是哪一个?

1 摩擦生热。
袋内的物质在小幅度振动。

2 铁粉和氧气发生了化学反应。
袋内装有铁粉。

3 储存的热量得以释放。
袋口打开时,里面装的物质受到了刺激。

答案在下一页!

答案 2

铁粉和氧气发生化学反应，释放出热量。

一次性暖宝宝内含铁粉、活性炭、无机盐和水。当铁粉接触到空气中的氧气时，会发生氧化反应，释放热量。这就是暖宝宝的发热原理。

暖宝宝有两层包装，外侧的包装为塑料袋，可以隔绝空气；而内侧的包装为无纺布。打开外包装时，氧气会透过无纺布进入暖宝宝内部，于是便发生了氧化反应。

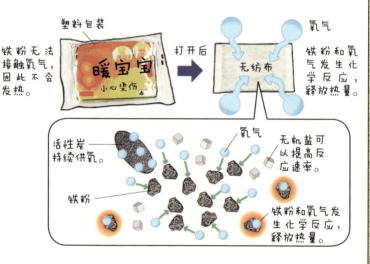

一次性暖宝宝中的无机盐是氧化反应的催化剂。活性炭的多孔结构可以储存氧气，保证氧化反应的持续进行。

自然 食物 **工具** 生物 人类·社会

为什么排行榜 **16** 位

372 人气值

如何制作贴纸?

下列说法中,正确的是哪一个?

1 在图案和白纸间注入胶水。
制作时需留有空隙,以便注入胶水。

2 切好后依次粘贴。
先切好形状,再依次粘贴。

3 用不干胶纸印刷图案。
再进行模切。

答案在下一页!

答案 3: 用不干胶纸印刷图案,再进行模切。

制作贴纸最主要的原材料就是不干胶纸。不干胶纸由面纸和底纸组成,面纸背面涂有黏合剂,而底纸表面涂有硅油,因此可以从底纸上将面纸剥离。

印刷后的那道关键工序被称为模切。此时,模具上的刀刃会将面纸切断,但不会切到底纸。为此,模具的尺寸须十分精准。

最后,根据需要将贴纸裁成适当的大小即可。

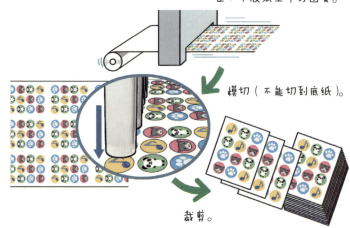

在不干胶纸上印好图案。

模切(不能切到底纸)。

裁剪。

贴纸属于粘贴型的不干胶纸。将各种图画印刷在不干胶纸上,是现在市面常见的贴纸。

自然 食物 工具 生物 人类·社会

375 人气值

为什么排行榜 15 位

为什么人打哈欠时会流眼泪?

下列说法中,正确的是哪一个?

1 大脑感知到了眼睛的疲劳。
于是通过泪水润湿双眼。

2 帮助人恢复清醒。
眼睛湿润后,人就清醒了。

3 脸部的肌肉将泪液挤了出来。
因为嘴张得很大嘛!

答案在下一页!

答案 3

脸部的肌肉将泪液挤了出来。

泪液时时刻刻都在分泌，流动涂于眼球表面，具有冲刷异物、防止眼干的功能。泪液由位于上眼睑内侧的泪腺分泌而来。流经眼球表面后，暂时存储于鼻根部的泪囊内。

打哈欠时，由于嘴张得很大，泪腺周围的肌肉紧张收缩，便将泪液挤了出来。另外，如果充当泪液"下水道"的鼻泪管不通，泪液也会从眼里流出来。

泪液的成分大部分为水，此外还含有少量的蛋白质和盐。因为泪液有一定黏度，所以能短暂停留于眼球表面。

377 人气值

为什么醋有多种颜色?

下列说法中,正确的是哪一个?

1 原料不同造成的。
加工工艺不同也是原因。

2 特意添加了可食用色素。
为了让菜更好看。

3 表示酸度不一样。
颜色越深就越酸。

答案在下一页!

答案

1 原料不同造成的。

醋中有棕黑色的陈醋，无色透明的米醋，还有粉红色的红醋。都是酸酸的醋，为什么颜色不同呢？主要的原因是原料不同，陈醋以高粱为原料，米醋则以大米、高粱、黄豆等为原料，而红醋以麦皮为原料，加工工艺也有所不同。

中国有四大名醋，分别是山西老陈醋、镇江香醋、福建永春老醋、阆中保宁醋。

选购食醋时，应从以下几方面鉴别其质量：①看颜色，要清澈无杂质。②闻香味，好的醋有天然的粮食香味。③尝味道，看酸度自己能否接受。

379 人气值

为什么在高山上烧水时，水不到100℃就会沸腾？

下列说法中，正确的是哪一个？

 海拔高，气温低。
温度较低时水也能沸腾。

 空气稀薄，容易导热。
热量直接传递给了水。

 空气稀薄，气压较低。
水容易变成水蒸气。

答案在下一页！

答案 3

空气稀薄，气压较低，水易从液态变成气态。

活在大气压之下的我们，每平方厘米的肌肤都要承受约1千克重的压力。烧水时，水分子会加速运动，达到一定速度时，便会成为气体从水中溢出，这个过程就是沸腾。在标准大气压下，只有达到100℃时，水分子才有足够的速度冲破大气的压力，变成水蒸气。

高山上空气稀薄，气压较低。换句话说，即水从液态变成气态的阻力较低。因此，水不到100℃也会沸腾。

登山时，你会发现食品的包装袋会变鼓。这是因为包装袋外面气压低导致包装袋内空气膨胀的结果。

| 自然 | 食物 | 工具 | 生物 | 人类·社会 |

382 人气值

为什么排行榜 **12** 位

手机是如何实现通信的?

下列说法中,正确的是哪一个?

1 通过基站实现通信。
信号首先会被发送至附近的基站。

2 信号可进入附近的电线。
附近没有电线时,手机就不能通信。

3 靠月球上的电塔连接。
手机信号可远达太空。

答案在下一页!

通过基站实现通信。

手机发出的信号的确能传达至另一部手机上。不过,中间还需要若干环节。

手机屏幕上有信号,就表示附近有接收信号的基站。手机发出的信号会被送至距离最近的基站,基站接收信号后会通过交换机查询到对方手机附近的基站。最后对方基站再把收到的信号发送给被呼叫手机,从而实现通信。

其实,这一过程所需的时间相当短暂。

每个基站都有一定的覆盖范围。因此,拨打手机时,覆盖范围内的基站会立即接收信号,这样就提高了通信速度。

384 人气值

镜子是如何制成的？

下列说法中，正确的是哪一个？

1 金属熔化后静置而成。
要注意表面平整。

2 在玻璃背面镀银。
表面光滑，易于反射。

3 将铁板磨得光亮。
磨得越亮，照得越清晰。

答案在下一页！

答案 2 在玻璃背面镀银。

镜,反射成像之物。从这个定义中我们可以知道,镜子必须具有良好的反射功能。如果镜子表面不平整,反射出来的像就会七扭八歪。因此,制作镜子时应使用易于反射的银或铝和光滑平整的玻璃。

大约在700年前,意大利人用金属和玻璃制成了镜子,这便是现代镜子的鼻祖。

银镀膜柔软易破,所以人们会在镀膜上涂刷一层金属或树脂。

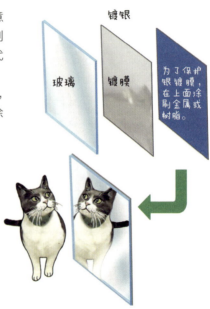

镀银

玻璃　镀膜　为了保护银镀膜,在上面涂刷金属或树脂。

易碎是玻璃镜的一大缺点。因此,在运动场所以及儿童聚集的地方,透明塑料和金属制成的镜子较多使用。

为什么排行榜 **10** 位

自然 食物 工具 生物 人类·社会

385 人气值

狐狸乌冬面是什么？

下列说法中，正确的是哪一个？

1 借用了乌冬面馆的名称。
最早的乌冬面馆叫作狐狸面馆。

2 根据乌冬面中的辅料命名。
即油炸豆腐和天泽。

3 原本为动物园内餐厅的菜谱。
这种面很受欢迎，因此广为流传。

答案在下一页！

答案 2 根据乌冬面中的辅料命名。

通常，日本人把加入油炸豆腐的乌冬面叫作狐狸乌冬。古代人认为狐狸是神的使者，因此许多神社都供奉着狐狸的塑像。据说，最初人们用油炸鼠肉作为供奉"狐仙"的供品。由于油炸鼠肉费时费力，人们便用油炸豆腐取而代之了。就这样，油炸豆腐乌冬面就成为狐狸乌冬面了。

油炸豆腐

狐狸乌冬

日本有些地区将加入油炸豆腐的乌冬面叫作山猫乌冬，将加入油炸豆腐的荞麦面条叫作山猫荞麦。

394 人气值

为什么三角尺上有个圆孔？

下列说法中，正确的是哪一个？

1. 方便空气逸出。
如果尺和纸之间有空气，便容易滑动。

2. 可以挂在书桌旁。
防止丢失。

3. 用来测量圆形。
直径为2厘米。

答案在下一页！

答案 1 方便尺和纸之间的空气逸出。

三角尺中间的圆孔有几大用途。首先，方便尺和纸之间的空气逸出。如果没有孔，三角尺和纸之间易残留空气，导致三角尺来回移动。

其二，方便拿放。将手指伸入孔中，就可以将三角尺轻松拿起了。这是因为空气可以从孔中进入。

另外，圆孔还有助于固定三角尺。用指尖轻压圆孔，三角尺就可以牢牢地贴在纸面上了。

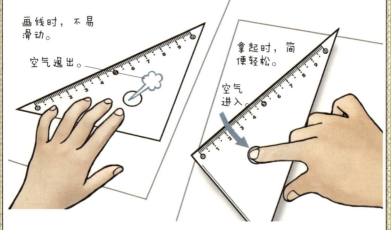

三角尺中的圆孔还可以减少刻度上的误差。众所周知，塑料受热会膨胀。不过，有了圆孔，三角尺就可以同时向内外延展，从而减少刻度上的误差。

410 人气值

为什么排行榜 **8** 位

一支HB铅笔可以写多少个汉字?

下列说法中,正确的是哪一个?

1 大约1000字。
嗯,也就这么多吧!

2 大约1万字。
哇,能写这么多呢!

3 大约100万字。
铅笔可真耐用啊!

答案在下一页!

> **答案 3**
> 一支铅笔可以写约100万字。

人们做过这样一个试验,用HB的铅笔芯在卷纸上画线,结果显示一支笔芯的画线长度可达到50千米。这个长度能折合成多少个汉字呢?

稿纸中,每个方格的长度为1厘米。如果在其中写入"田"字,每个"田"字的笔画长度约为36~38毫米。假设每个"田"字的长度均为37毫米,那么一支笔芯就可以写135万个"田"字了。

日常书写时,我们免不了要削铅笔。因此,除去浪费部分,一支笔芯大约可以写100万个字。如果是400字一页的稿纸,一支铅笔就可以写满2500页!
您答对了吗?

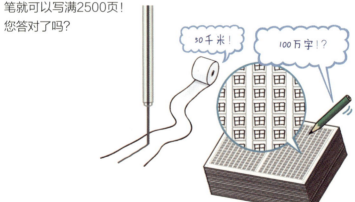

> 铅笔芯的主要成分为石墨,在石墨中加入黏土可以调节笔芯的硬度。黏土的含量越多,笔芯的硬度就越高,依次表示为……2B、B、HB、H、2H……

自然 食物 工具 生物 人类·社会

425 人气值

如何测量海水的深度？

下列说法中，正确的是哪一个？

1 用绳子拴好重物，坠入海底。
所以需要很长的绳子。

2 利用声波反射的时间计算深度。
向海底发出声波，计算深度。

3 利用潜水艇测量。
潜水艇可以潜入海底。

答案在下一页！

答案 2 向海底发出声波，根据反射时间计算深度。

我们都知道，地图上会标有海水的深度，但人类是无法潜入海底进行测量的！

那么，如何测量海水的深度呢？人们会在船底安装一套声呐设备，并利用这套设备向海底发出声波，声波达到海底后会反射回来。人们根据声波的往返时间可以计算出海水的深度。

例如，声波从发出到返回用了4秒，即声波从发出到海底的时间为2秒，而声波在海水中的传播速度为1500米/秒。通过以上数据，我们就可以计算出海水的深度3000米了。

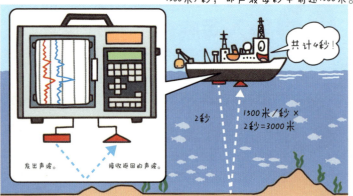

当然，如果是狭窄的浅湾，也可以用绳子拴好重物进行测量。此外，还可以利用激光测距等新型方法进行测量。

| 自然 | 食物 | 工具 | 生物 | 人类·社会 |

448 人气值

为什么排行榜 **6** 位

为什么蚂蚁从高空坠落却不会摔死?

下列说法中,正确的是哪一个?

1 坚硬的躯壳可以守护住身体。
黑黑的身体超结实哦!

2 容易受到空气的阻力。
因此下落的速度并不快。

3 扇动翅膀得以逃生。
其实蚂蚁长有翅膀。

答案在下一页!

答案 2

蚂蚁特殊的身体结构，容易受到空气的阻力。

蚂蚁的体长约为5毫米，体重较轻，长有6只脚及2只触角。因此，高空坠落时容易受到空气的阻力，从而减缓了下落速度。

此外，蚂蚁的关节十分柔软，落地时受到的冲击也较小。

例如，一只蚂蚁从2米的高度坠落时可安然无恙。要知道，这个高度相当于蚂蚁体长的400倍哦！如果人类从相当于身高400倍的高处坠落呢？假设人的平均身高为1.6米，400倍就是640米。当然，后果可想而知。

跳伞是一项从高空跳落的极限运动。跳伞运动员会利用降落伞减缓下降速度。蚂蚁坠落也是同样的道理。

454 人气值

智能手机是如何实现触控的?

下列说法中,正确的是哪一个?

1. 摄像头能够捕捉手指的移动。
时时拍摄指尖的图像。

2. 屏幕能够感应手指的温度和水分。
屏幕上装有感应开关。

3. 屏幕能够感应人体的微弱电流。
手指和屏幕间会形成微弱电流。

答案在下一页!

答案 **3**

屏幕能够感应手指和屏幕之间形成的微弱电流。

最新的智能手机和游戏机均装有触控屏。触控屏有多种类型，其中以用手指和屏幕之间产生微弱电流来实现操控的最为常见，这种现象类似于起静电。

此外，还有以玻璃或塑料板作基层、表面镀有金属薄膜的触控屏。通电后，基层接通电流，手指按压时，金属粒子聚集，电流发生改变，从而实现操控。

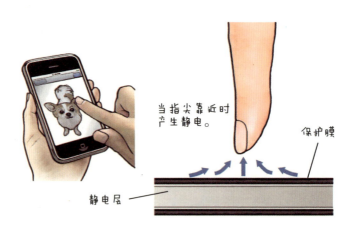

当指尖靠近时产生静电。

保护膜

静电层

智能手机的触控屏，又被称为电容屏。它对衣物无反应，有防水、防尘的优点。

469 人气值

为什么排行榜 **4** 位

星期是何时、如何制定的呢?

下列说法中,正确的是哪一个?

1 约2500年前,通过观察天体制定了星期。
根据星星的名称为一周七天命名。

2 约1000年前,由占卜师制定。
由研究星象的巫师制定。

3 约500年前,通过问卷调查规定了星期。
采用得票率高的名称来命名。

答案在下一页!

答案 1

约2500年前，通过观察天体制定了星期。

星期古称七曜，即日、月、火、水、木、金、土，分别代表了太阳、月亮以及五大行星。行星即围绕太阳运行的天体。例如，地球、火星、水星、木星、金星、土星等。

在距今约2500至2700年的古巴比伦王国，有专门观察月亮、太阳以及星象变化的人。他们发现：太阳导致了昼夜，月亮影响了潮汐，耀眼的行星似乎在其他星体间运行。

当时的古巴比伦人认定，太阳、月亮、行星具有支配星期的能力，于是便用七曜命名。

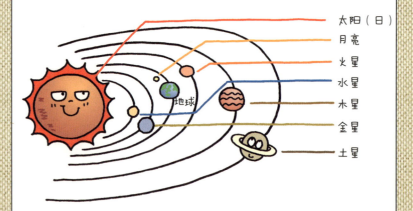

明朝末年，星期制随基督教传入中国。在中国，起初也是以七曜命名一星期中的各天。直到清末，才逐渐为星期日、星期一……星期六所替代。

为什么排行榜 3 位

482 人气值

为什么古代铜钱上有孔?

下列说法中,正确的是哪一个?

1 为方便将铜钱边缘修锉齐整。
由当时的铸造方式决定的。

2 洞见未来,寓意吉祥。
"元"通"缘"。

3 为了节省材料。
当时金属匮乏。

答案在下一页!

答案 1 — 为方便将铜钱边缘修锉齐整。

铜钱中间有孔，主要是由当时制造铜钱的方法决定的。古代人都是熔铜铸钱，因此铸成铜钱的轮廓总不整齐。为了使铜钱的边缘齐整，要用锉刀修锉。一枚铜钱一枚铜钱地修锉极费时间与人力，所以就在铜钱的中间开一个孔，将100来个铜钱穿在一根棍子上一次锉成。如果孔是圆形的，铜钱就会来回转动而无法修锉。因此工匠们想了个办法，把中间的孔制成方形，将铜钱穿进一根方棍进行修锉。这样，铜钱就不会转动了。

现代硬币铸造使用压印机，利用机械力学原理制造硬币，其边缘平滑无需修锉，自然中间也就没有孔了。

511 人气值

人民币上为什么有好多小圆圈的图案？

下列说法中，正确的是哪一个？

 是装饰用的花纹。
看起来更好看。

 是一种防止造假钞的技术。
其中的图案中藏着秘密。

 没有印好，是特殊的情况。
一不小心印花了。

答案在下一页！

答案 2 是一种防止造假钞的技术。

这些小圆圈的中文名为圆圈星座防伪技术,是由日本欧姆龙公司发明并享有专利,因此被又称为欧姆龙环。欧姆龙环是一种防高精度彩色复印机的图形,现在生产的彩色复印机中已经预设了对这种图案的识别,一旦发现含有这种星座图案出现,复印机会自动进行输出处理,使输出品产生严重的色彩失真或者直接不输出。

这项技术最早在1996年由欧姆龙创建秘密图形符号规则,因此至今尚未公开这种图形的识别原理是什么。

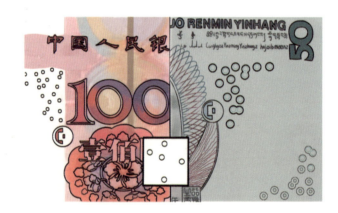

这项技术在彩色打印设备上的防范效果非常理想,因此世界各主要货币均有添加这项技术。

为什么排行榜 1 位

532 人气值

无籽葡萄是如何培育出来的?

下列说法中,正确的是哪一个?

1 用药剂浸泡花蕊,使其无籽。
开花才能结果,所以应事先对花蕊进行处理。

2 用药剂处理种子。
药剂可以使果实无籽。

3 通过品种改良,使葡萄籽结在根部。
是人们改良的结果。

答案在下一页!

答案 1 用药剂浸泡花蕊，使葡萄无法结籽。

无籽葡萄和其他植物一样，也会开花结果。为了使葡萄无籽，人们在葡萄开花前和开花后，会用一种特殊的药液对花蕊进行处理。

这种特殊的药液名为赤霉素，是一种植物生长激素。例如，名为德拉瓦尔（Delaware）的无籽葡萄，需要在开花前2周将花蕊浸泡在药液中进行前期处理。

不过，只经过前期处理的葡萄仍无法生长。因此，开花后还需要用药液再次浸泡花蕊。这样就可以得到又大又甜的无籽葡萄了。

无籽葡萄的培育方法

有些柿子不涂抹药物，果实依然无籽。这时我们可以通过嫁接进行繁殖。

常识十万个为什么
成绩计算表

参照第191页，看看自己属于什么级别吧！

页数	关注度	问题	正确 ○ 错误 ×
5	90	为什么人们喜欢在运动会上举行拔河比赛？	
7	89	如何处理宇宙飞船中的排泄物？	
9	88	为什么南北极那么冷？	
11	87	为什么拉面会变"胖"？	
13	86	钢琴是如何发声的？	
15	85	藕为什么有孔？	
17	84	清晨收到的报纸，是什么时候、在哪里做好的？	
19	83	魔术贴是如何粘在一起的？	
21	82	为什么切洋葱时会流泪？	
23	81	为什么那么多的生物每天都呼吸，氧气还是用不完？	
25	80	为什么雷阵雨多发生在傍晚？	
27	79	为什么洗脸台下方的水管是弯的？	
29	78	为什么爬山时耳朵会疼？	
31	77	为什么吹风时会感觉凉爽？	

页数	关注度	问题	正确 ○ 错误 ×
33	76	为什么一天要吃三顿饭？	
35	75	为什么睡觉时会打呼噜？	
37	74	索道是如何运行的？	
39	73	为什么苍蝇能倒挂在天花板上？	
41	72	日本的公司为什么叫株式会社？	
43	71	七夕为何被称为中国情人节？	
45	70	为什么把杯子贴近耳朵时，会听到"呜呜"声？	
47	69	河水为什么流不干？	
49	68	履带式推土机如何转弯？	
51	67	拳击比赛中为什么打倒对手叫K.O.？	
53	66	隐形眼镜是何时进入中国的？	
55	65	为什么手指碰到冰块会被粘在上面？	
57	64	为什么罐头不易腐烂？	
59	63	为什么大雁要排成"V"字飞行？	
61	62	夏季，为什么傍晚时天依旧很亮？	
63	61	为什么腌制食品不易腐烂？	
65	60	为什么人在生病时会发烧？	

页数	关注度	问题	正确○ 错误×
67	59	为什么毛玻璃贴上胶带后会变得透明?	
69	58	为什么自行车的内胎过段时间就会瘪掉?	
71	57	高气压和低气压是如何形成的?	
73	56	为什么古代的音乐家都梳着卷发?	
75	55	为什么花样滑冰运动员怎么转都不会头晕?	
77	54	为什么招财猫要举起前爪?	
79	53	为什么向日葵有那么多籽?	
81	52	为什么冬天冷,夏天热?	
83	51	为什么红茶加入柠檬后颜色会变浅?	
85	50	为什么理发店门口有一个红白蓝三色的旋转彩柱?	
87	49	为什么信号灯要使用红黄绿这三种颜色?	
89	48	为什么中国冬天刮西北风?	
91	47	为什么刚出生的婴儿不会走路?	
93	46	肥皂是用什么制成的?	
95	45	节目的收视率是怎么算出来的?	
97	44	阿拉伯数字是阿拉伯人发明的吗?	
99	43	为什么家里生了小孩要送亲朋红鸡蛋?	

页数	关注度	问题	正确 ○ 错误 ×
101	42	为什么日本人打电话时,要说"莫西莫西"?	
103	41	为什么太阳明明发着光,宇宙却是漆黑一片?	
105	40	为什么抽水马桶会自动停止上水?	
107	39	为什么插头上有两个小孔?	
109	38	为什么星星有不同的颜色?	
111	37	为什么人在飞速前行的列车中跳起后仍会落回原位?	
113	36	为什么铁轨之间要留有缝隙?	
115	35	为什么圣诞节要吃蛋糕?	
117	34	为什么感冒会引起鼻塞?	
119	33	为什么深海鱼不会被海水压扁?	
121	32	橡皮筋是怎么做出来的?	
123	31	为什么楼梯要设置缓步台?	
125	30	为什么海水的颜色不尽相同?	
127	29	如何测量高空的温度?	
129	28	遥控器为什么能"遥"控?	
131	27	为什么北方人除夕要吃饺子?	
133	26	为什么教室里的写字板明明是绿色的,却叫作黑板?	

页数	关注度	问题	正确 ○ 错误 ×
135	25	为什么录音和自己的声音听起来不一样？	
137	24	章鱼的吸盘有什么用？	
139	23	辛辣食物中的"辛"是什么味道？	
141	22	为什么池水从表面开始结冰？	
143	21	蝙蝠为什么倒挂着睡觉？	
145	20	为什么奶糖的表面有凹坑？	
147	19	水龙头内的金属零件有什么作用？	
149	18	人类为什么有指纹？	
151	17	暖宝宝是如何发热的？	
153	16	如何制作贴纸？	
155	15	为什么人打哈欠时会流眼泪？	
157	14	为什么醋有多种颜色？	
159	13	为什么在高山上烧水时，水不到100℃就会沸腾？	
161	12	手机是如何实现通信的？	
163	11	镜子是如何制成的？	
165	10	狐狸乌冬面是什么？	
167	9	为什么三角尺上有个圆孔？	

页数	关注度	问 题	正确 ○ 错误 ×
169	8	一支HB铅笔可以写多少个汉字？	
171	7	如何测量海水的深度？	
173	6	为什么蚂蚁从高空坠落却不会摔死？	
175	5	智能手机是如何实现触控的？	
177	4	星期是何时、如何制定的呢？	
179	3	为什么古代铜钱上有孔？	
181	2	人民币上为什么有好多小圆圈的图案？	
183	1	无籽葡萄是如何培育出来的？	

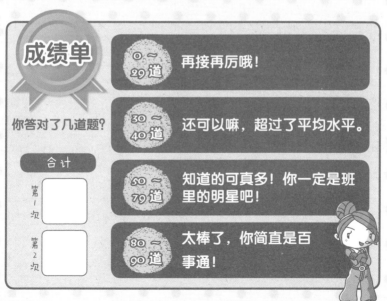

成绩单

你答对了几道题？

合计
第1次
第2次

0～29道　再接再厉哦！

30～40道　还可以嘛，超过了平均水平。

60～79道　知道的可真多！你一定是班里的明星吧！

80～90道　太棒了，你简直是百事通！

图书在版编目（CIP）数据

超级问问问．生活常识／（日）学研教育出版编著；马云雷，杜君林译．—北京：化学工业出版社，2017.5（2023.1重印）
ISBN 978-7-122-29172-1

Ⅰ.超… Ⅱ.①学… ②马… ③杜… Ⅲ.①科学知识-青少年读物 Ⅳ.①Z228.2

中国版本图书馆CIP数据核字（2017）第038504号

なぜ？どうして？身の回りNEWぎもんランキング
学研教育出版·编·著
Naze? Doshite? Minomawari New Gimon Ranking
© Gakken Education Publishing 2013
First published in Japan 2013 by Gakken Education Publishing., Ltd. Tokyo
Simplified Chinese character translation rights arranged with
Gakken Plus Co., Ltd. through Beijing Kareka Consultation Center
北京市版权局著作权合同登记号：01-2016-6910

责任编辑：丰　华　宋　娟　　　　装帧设计：北京八度出版服务机构
责任校对：边　涛　　　　　　　　封面设计：周周设计局

出版发行：化学工业出版社（北京市东城区青年湖南街13号　邮政编码100011）
印　　装：北京新华印刷有限公司
787mm×1092mm　1/32　印张6　字数450千字　2023年1月北京第1版第3次印刷

购书咨询：010-64518888　　　售后服务：010-64518899
网　　址：http://www.cip.com.cn
凡购买本书，如有缺损质量问题，本社销售中心负责调换。

定　价：29.80元　　　　　　　　　　　　　　　版权所有　违者必究